北大版新一代对外汉语教材·短期培训系列

英日韩文注释本

Magic Chinese

魔力汉语

（上）

——初级汉语口语

姚晓琳　何　薇　林齐倩　编著

唐凤珍　日文注释

张世镇　韩文注释

倪　颖　正文插图

北京大学出版社

北　京

图书在版编目(CIP)数据

魔力汉语(上):初级汉语口语/姚晓琳 等 编著. —北京:北京大学出版社,2003.5
(北大版新一代对外汉语教材·短期培训系列)

ISBN 978-7-301-05993-7

Ⅰ.魔… Ⅱ.①姚… ②何… ③林… Ⅲ.汉语–口语–对外汉语教学–教材 Ⅳ.H195.4

中国版本图书馆 CIP 数据核字 (2002) 第 093446 号

书　　　　名:魔力汉语(上)——初级汉语口语
著作责任者:姚晓琳　何薇　林齐倩　编著
责 任 编 辑:沈浦娜　spn@pup.pku.edu.cn
标 准 书 号:ISBN 978-7-301-05993-7/H·0803
出 版 发 行:北京大学出版社
地　　　　址:北京市海淀区成府路 205 号　100871
网　　　　址:http://www.pup.cn
电　　　　话:邮购部 62752015　发行部 62750672　编辑部 62752028　出版部 62754962
电 子 邮 箱:zpup@pup.pku.edu.cn
印 刷 者:北京大学印刷厂
经 销 者:新华书店
　　　　　　787 毫米×1092 毫米　16 开本　12.5 印张　320 千字
　　　　　　2003 年 5 月第 1 版　2011 年 1 月第 6 次印刷
定　　　　价:33.00 元

目　录
Contents

编写说明
Preface

本书是为短期留学的外国人编写的初级汉语听说教材,分上下两册,各 15 课。上册供零起点学生使用,下册则适用于掌握了 300 至 400 个汉语单词的学习者。本书选用的都是规范、自然的当代普通话口语材料。全书主要通过人物活动时所出现的场景,反映一定的语言环境,使学习者能够接触汉语口语的基础知识,逐步提高汉语日常交际表达能力。在以话题情景为纲组织教材内容的同时,还以《汉语水平考试》(HSK)的甲级语法点和词汇点为依据安排语言知识的学习,侧重培养学习者听和说的能力。本书的特点主要有:

1. 实用性强。实用性是本书的第一宗旨,注重学习者的"好用性"。汉语拼音标注实读音,词性标注及注释主要结合课文,不求全面,尽量避免专业术语。尽量选择实用、使用频率高的语句,力求生动、有趣、口语化。每课会话和重点句型均配有汉语拼音和英文翻译。书后的词汇总表、重点句型"学一学"及文化交际小贴士"你知道吗?"加注日、韩语种的翻译,便于更多国家的学习者查阅。

2. 内容新颖。话题的选择上,"开账户"、"自动售货机"、"理发"、"约会"等话题既实用又有时代感。除基本生词外,我们还选用了一批最近几年流行的新词语,例如:买单、T恤、网虫、网吧、打工、打折、钟点房、酷等等。形式上,所有以汉字形式出现的课文、练习的小标题都采用"A — A"的表达形式,另外,配有生动活泼的插图也是本书的一大特点。

3. 练习多样化。练习部分主要包括机械操练、理解运用及结合实际灵活运用三部分。在练习部分我们有意识地增加了一定量的新词语,采用了较为多样的练习形式,注重词语和句型重现率的同时也注意给教学双方较大的扩展使用平台。

本书每课的基本结构如下:

说一说:会话,每一个小场景一般都配有插图,既相互关联又相对独立;

学一学:基本句型及重点句式;

记一记:会话中的基本生词;

跟我念：练习基本生词及句子的语音、语调；

试一试：替换与扩展，主要加强学习者对汉语结构的认识，同时补充一些常用词语；

连一连：连词成句，从语序上加深学习者对每课重点生词、句型、会话点的理解；

译一译：汉译英(日、韩)等翻译练习；

听一听：每课话题结合实际的听力方面的提高练习；

念一念：用会话或者陈述的方式增加一些语段练习(相当于副课文)；

看一看,说一说：看图说话；

读一读：辨音、绕口令、顺口溜儿、民歌等语音练习部分；

"你知道吗？"：文化、交际小贴士，跟本课话题相关的语用、国情等方面的补充；

注一注：第二册增加了这个版块，即"注释"部分。

　　为了方便学习者使用，第一册加有《汉语拼音总表》、《汉语词类表》及《主要人物介绍》，各册书后附有《部分练习参考答案及听力文本》、《"学一学"和"你知道吗？"日、韩文翻译》以及《词汇总表》(包括基本生词和补充生词，配日、韩文翻译)。

　　本教材可供初学者50至60个课时使用。

　　这两册书是在本人及何薇、林齐倩的共同努力下编写完成的，她们二人还分别承担了全书的英文翻译工作。本书的日文翻译是唐凤珍老师，韩文翻译是张世镇先生。封面及正文插图出自倪颖小姐。在编写过程中本书还得到了苏州大学的陆庆和、钱景炜，国家汉办的姜明宝以及北大出版社郭荔和沈浦娜等几位老师的热情帮助和指导，在此一并感谢！

姚晓琳

2002 年 8 月 10 日
于苏州大学海外教育学院

汉语拼音总表
Hànyǔ pīnyīn zǒngbiǎo
The Chinese Phonetic Alphabet

一、韵母 yùnmǔ Simple and Compound Vowels

a	o	e
ai	ou	ei
an	ong	en
ao		er
ang		eng

i	u	ü
ia	ua	üe
ie	uo	üan
iao	uai	ün
iou(–iu)	uei(–ui)	
ian	uan	
in	uen(–un)	
iang	uang	
iong		

二、声母 shēngmǔ Initial Consonants

b	p	m	f
d	t	n	l
g	k	h	
j	q	x	
zh	ch	sh	r
z	c	s	

词类简称表

Cílèi jiǎnchēng biǎo

Abbreviations of Chinese Grammatical Terms

名词	（名）	míngcí	noun
代词	（代）	dàicí	pronoun
数词	（数）	shùcí	numeral
量词	（量）	liàngcí	classifier
形容词	（形）	xíngróngcí	adjective
动词	（动）	dòngcí	verb
助动词	（助动）	zhùdòngcí	auxiliary verb
副词	（副）	fùcí	adverb
介词	（介）	jiècí	preposition
连词	（连）	liáncí	conjunction
助词	（助）	zhùcí	particle
叹词	（叹）	tàncí	interjection
象声词	（象声）	xiàngshēngcí	onomatopoeia

主要人物介绍
Zhǔyào rénwù jièshào
Persons in the Texts

陈小雨　　大学生　　19岁
活泼可爱　爱好广泛

大卫　英国留学生　19岁
活泼幽默　最大的爱好是
睡懒觉

田中幸子　日本留学生 18岁
喜欢逛街　爱听流行音乐

丁凡　大学生　　20岁
喜欢旅游　是个网虫

陈平　陈小雨的爷爷　　62岁
汉语老师　老顽童　美食家

第一课　你好,小雨!

Dì-yī kè　　Nǐ hǎo, Xiǎoyǔ!

Lesson One　Hello, Xiaoyu!

 说一说 Shuō yi shuō Read the dialogues.

大　卫：你好,小雨!

Dàwèi:　Nǐ hǎo, Xiǎoyǔ!

　　　　Hello, Xiaoyu!

小　雨：大卫,你好!

Xiǎoyǔ:　Dàwèi, nǐ hǎo!

　　　　Hello, David!

小　雨：早上好，大卫！

Xiǎoyǔ：　Zǎoshang hǎo, Dàwèi!

Good morning, David!

大　卫：小雨，早上好！

Dàwèi：　Xiǎoyǔ, zǎoshang hǎo!

Good morning, Xiaoyu!

小　雨：大卫,你最近好吗？

Xiǎoyǔ:　　Dàwèi, nǐ zuìjìn hǎo ma?

　　　　　David, how are you recently?

大　卫：我很好,谢谢。你呢,小雨？

Dàwèi:　　Wǒ hěn hǎo, xièxie。 Nǐ ne, Xiǎoyǔ?

　　　　　I am fine, thank you. And you, Xiaoyu?

小　雨：我也很好。

Xiǎoyǔ:　　Wǒ yě hěn hǎo。

　　　　　I am fine, too.

学一学 Xué yi xué

Learn the following sentence patterns.

1. 你好!

　　Nǐ hǎo!

　　Hello! (How do you do?)

2. 早上好!

　　Zǎoshang hǎo!

　　Good morning!

3. 你好吗?

　　Nǐ hǎo ma?

　　How are you?

4. 我很好。

　　Wǒ hěn hǎo。

　　I am fine.

记一记 Jì yi jì Learn the new words and expressions.

你	（代）	nǐ	you
好	（形）	hǎo	good, fine
早上	（名）	zǎoshang	morning

最近	（名）	zuìjìn	recently
吗	（助）	ma	(a particle)
我	（代）	wǒ	I, me
很	（副）	hěn	very
谢谢	（动）	xièxie	to thank
呢	（助）	ne	(a particle)
也	（副）	yě	too, also
小雨		Xiǎoyǔ	(name)
大卫		Dàwèi	(name)

 ## 跟我念 Gēn wǒ niàn　Read after me.

nī	ní	nǐ	nì	nǐ	你
hāo	háo	hǎo	hào	hǎo	好
mā	má	mǎ	mà	ma	吗
hēn	hén	hěn	hèn	hěn	很
yē	yé	yě	yè	yě	也
zāo	záo	zǎo	zào	zǎo	早
shāng	sháng	shǎng	shàng	shang	上
xiē	xié	xiě	xiè	xièxie	谢谢

你好 / 你好吗
早上

wǒ（我）　　　nǐ（你）　　　tā（他）　　　tā（她）

wǒmen（我们）　nǐmen（你们）　tāmen（他们）　lǎoshī（老师）

bàba（爸爸）　　māma（妈妈）　　zǎoshang（早上）　xièxie（谢谢）

zǎoshang hǎo（早上好）　　　　nǐmen hǎo（你们好）

试一试 Shì yi shì Substitute the underlined parts.

1. 你好!

> 你们(nǐmen, you); 老师(lǎoshī, teacher);
> 陈(Chén, surname)爷爷(yéye, grandfather)

2. 你好吗?

> 她(tā, she); 他(tā, he);
> 他们(tāmen, they); 你哥哥(gēge, elder brother)

3. 你们好吗?

  我们(wǒmen, we, us)都(dōu, all)很好。你好吗?

  我也很好。

> 他们 他们; 大卫和(hé, and)小雨 他们;
> 你爸爸(bàba, father)、妈妈(māma, mother) 他们

 ## 填一填 Tián yi tián Complete the following dialogues.

(1) 大卫:你好!

  小雨:_____!

(2) 小雨:早上好!

  大卫:_____!

(3) 大卫、小雨:老师,您(nín, you)好!

  老师:_____!

(4) A:你好吗?

B:＿＿＿＿＿＿。你爸爸、妈妈好吗?

A:＿＿＿＿＿＿,我们都＿＿＿＿＿＿。谢谢!

 连一连 Lián yi lián

Rearrange the given words into sentences.

1. 最近　　吗　　好　　你
2. 都　　　好　　很　　我们
3. 也　　　好　　很　　大卫

 译一译 Yì yi yì Translate the following sentences.

1. 早上好!
2. 你最近好吗?
3. 他们都很好。

 看一看,说一说 Kàn yi kàn, shuō yi shuō

Look at the pictures and talk about them.

1. 早上在上学的路上,多多(Duoduo)碰到他的同学,互相问候。

Duoduo meets one of his classmates on his way to school, They greet each other.

2. 你去多多家,见到多多的父母,向他们问候。

Please greet Duoduo's parents when you visit their home.

3. 你向多多问候他的父母(父母不在)。

Please ask Duoduo to convey your regards to his parents.

听一听,读一读 Tīng yi tīng, dú yi dú

Listen and read the following syllables.

b	p	d	t	g	k
bā(八)	pā(趴)	dā(搭)	tā(他)	gā(咖)	kā(咔)
bá(拔)	pá(爬)	dá(答)	tá	gá(轧)	ká
bǎ(把)	pǎ	dǎ(打)	tǎ(塔)	gǎ(嘎)	kǎ(卡)
bà(爸)	pà(怕)	dà(大)	tà(踏)	gà(尬)	kà

你知道吗？ Nǐ zhīdào ma? Do you know?

　　大卫和小雨是同学，他们见面时说："你好！"但当他们遇见他们的一位老师时，要说："您好！"现在你知道什么时候用"你好！"，什么时候用"您好！"了吗？

　　老师回答大卫和小雨的问候，要说："你们好！"但是，如果大卫和小雨同时碰到几位老师，他们应该说："老师好！"而不能说："您们好！"因为汉语里可没有"您们"这种说法。

　　David and Xiaoyu are classmates. When they meet, they greet each other by saying "Nǐ hǎo!" However, when they see their teacher, they are supposed to greet him/her with "Nín hǎo!" Do you know the difference between the two greetings?

　　The teacher responds to both David and Xiaoyu by saying "Nǐmen hǎo." When greeting more than one teacher, David and Xiaoyu should say "Lǎoshī hǎo." instead of "Nínmen hǎo", as there does not exist such a phrase as "Nínmen" in Chinese.

第二课　嗨,我是大卫!

Dì-èr kè　　Hāi,　wǒ shì Dàwèi!

Lesson Two　　Hi, I am David!

 说一说 Shuō yi shuō Read the dialogues.

小　雨：嗨,你好,我是小雨。你叫什么名字?

Xiǎoyǔ:　　Hāi,　nǐhǎo,　wǒ shì Xiǎoyǔ。Nǐ jiào shénme míngzi?

Hello, I am Xiaoyu. What's your name?

幸　子：你好,小雨,我叫田中幸子。很高兴认识你。

Xìngzǐ:　　Nǐhǎo,　Xiǎoyǔ, wǒ jiào Tiánzhōng Xìngzǐ。　Hěn gāoxìng rènshi nǐ。

Hello, Xiaoyu. My name is Tianzhong Xingzi. Glad to meet you.

大　卫：幸子,你是日本人吧?

Dàwèi:　　Xìngzǐ,　nǐ shì Rìběnrén ba?

Xingzi, are you a Japanese?

幸　子：是。大卫,你是哪国人?

Xìngzǐ:　　Shì。Dàwèi,　nǐ shì nǎ guó rén?

Yes. David, which country are you from?

大　卫：我是英国人。

Dàwèi:　　Wǒ shì Yīngguórén。

I am from UK.

幸 子：您是我们的汉语老师吗？

Xìngzǐ：　Nín shì wǒmen de Hànyǔ lǎoshī ma?

Are you our Chinese teacher?

陈 平：是。你是韩国留学生吗？

Chén Píng：Shì。 Nǐ shì Hánguó liúxuéshēng ma?

Yes. Are you a Korean student?

幸 子：不，我是日本留学生，我叫田中幸子。

老师，您贵姓？

Xìngzǐ：　Bù, wǒ shì Rìběn liúxuéshēng, wǒ jiào Tiánzhōng Xìngzǐ。 Lǎoshī, nín guì xìng?

No. I am a Japanese student. My name is Tianzhong Xingzi. Sir, what's your surname, please?

陈 平：我姓陈。

Chén Píng：Wǒ xìng Chén。

My surname is Chen.

幸 子：陈老师，您好！

Xìngzǐ：　Chén lǎoshī, nín hǎo!

How do you do, Mr. Chen?

学一学 Xué yi xué

Learn the following sentence patterns.

1. 您贵姓？—我姓陈。
   Nín guì xìng? — Wǒ xìng Chén。
   What's your surname, please? — My surname is Chen.

2. 你叫什么名字？—我叫田中幸子。
   Nǐ jiào shénme míngzi? — Wǒ jiào Tiánzhōng Xìngzǐ。
   What's your name? — My name is Tianzhong Xingzi.

3. 你是哪国人？—我是日本人。
   Nǐ shì nǎ guó rén? — Wǒ shì Rìběnrén。
   Which country are you from? — I am a Japanese.

4. 很高兴认识你！
   Hěn gāoxìng rènshi nǐ!
   Glad to meet you!

记一记 Jì yi jì Learn the new words and expressions.

嗨	（叹）	hāi	hi
是	（动）	shì	to be
叫	（动）	jiào	to call
什么	（代）	shénme	what
名字	（名）	míngzi	name
高兴	（形）	gāoxìng	glad
认识	（动）	rènshi	to know
人	（名）	rén	people, person
吧	（助）	ba	（a particle）
哪	（代）	nǎ	which
国	（名）	guó	country
的	（助）	de	（a particle）

留学生	（名）	liúxuéshēng	foreign student
不	（副）	bù	no, not
贵	（形）	guì	honoured
姓	（名）	xìng	surname, family name
汉语		Hànyǔ	Chinese
田中幸子		Tiánzhōng Xìngzǐ	（name）
陈平		Chén Píng	（name）
日本		Rìběn	Japan
英国		Yīngguó	UK
韩国		Hánguó	Korea

 跟我念 Gēn wǒ niàn Read after me.

shēn	shén	shěn	shèn	shén	什	⎫ 什么
mē	mé	mě	mè	me	么	
mīng	míng	mǐng	mìng	míng	名	⎫ 名字
zī	zí	zǐ	zì	zi	字	
rēn	rén	rěn	rèn	rèn	认	⎫ 认识
shī	shí	shǐ	shì	shi	识	
xuē	xué	xuě	xuè	xué	学	⎫ 学生
shēng	shéng	shěng	shèng	sheng	生	
gāo	gáo	gǎo	gào	gāo	高	⎫ 高兴
xīng	xíng	xǐng	xìng	xìng	兴	

guì xìng（贵姓）   míngzi（名字）   rènshi（认识）

nǎ guó（哪国）   gāoxìng（高兴）   xuésheng（学生）

tóngxué（同学）   Hànyǔ（汉语）

留学生	liúxuéshēng
韩国留学生	Hánguó liúxuéshēng
是韩国留学生	shì Hánguó liúxuéshēng

我是韩国留学生。　　　　　　Wǒ shì Hánguó liúxuéshēng。

他也是韩国留学生。　　　　　Tā yě shì Hánguó liúxuéshēng。

我们都是韩国留学生。　　　　Wǒmen dōu shì Hánguó liúxuéshēng。

高兴　　　　　　　　　　　　gāoxìng

很高兴　　　　　　　　　　　hěn gāoxìng

很高兴认识你！　　　　　　　Hěn gāoxìng rènshi nǐ!

我很高兴认识你！　　　　　　Wǒ hěn gāoxìng rènshi nǐ!

大卫也很高兴认识你！　　　　Dàwèi yě hěn gāoxìng rènshi nǐ!

我们都很高兴认识你！　　　　Wǒmen dōu hěn gāoxìng rènshi nǐ!

 试一试 Shì yi shì Substitute the underlined parts.

1. 我姓<u>陈</u>，叫<u>陈平</u>。

> 丁 (Dīng, surname)　丁凡 (Dīng Fán, name)；
>
> 田中　田中幸子

2. 你是哪国人？
   我是<u>日本</u>人。

> 中国 (zhōngguó, China)；　　英国；
>
> 美国 (Měiguó, USA)；　　　　韩国

3. <u>你</u>是<u>汉语</u>老师吗？

> 他　　　　　　　　　英语 (Yīngyǔ, English)；
>
> 她　　　　　　　　　日语 (Rìyǔ, Japanese)；
>
> 老 (lǎo, senior) 陈　　韩语 (Hányǔ, Korean)；
>
> 小 (xiǎo, junior) 丁　法语 (Fǎyǔ, French)

填一填 Tián yi tián Complete the following dialogues.

(1) A：你好，＿＿＿＿？
　　B：我叫丁凡。

(2) A：老师，您贵姓？
　　B：＿＿＿＿。大卫，你是＿＿＿＿？
　　A：我是英国人。

(3) A：嗨，你好，大卫。
　　B：嗨，你好。丁凡，这（zhè, this）是我的新（xīn, new）同
　　　　学（tóngxué, classmate），她叫＿＿＿＿，是＿＿＿＿人。
　　A：＿＿＿＿，很高兴认识你。＿＿＿＿丁凡。
　　C：你好，丁凡。我也＿＿＿＿＿＿。

连一连 Lián yi lián

Rearrange the given words into sentences.

1. 是　　　人　　　大卫　　　英国
2. 不是　老师　　汉语　　你们的　　我
3. 很　　认识　　高兴　　你
4. 吗　　是　　留学生　日本　　幸子

念一念，连一连 Niàn yi niàn, lián yi lián

Read the passage and do the exercise.

幸子的日记（rìjì, diary）：

　　我叫田中幸子，是日本人。我的汉语老师是陈老师，
他也是陈小雨的爷爷。大卫是我的同学，他是英国人。小
雨和丁凡是我们的中国朋友（péngyou, friend）。我很高兴认
识他们。

幸子　　　中国学生
大卫　　　英国人
陈爷爷　　日本人
丁凡　　　中国老师

 译一译 Yì yi yì Translate the following passage.

　　我叫陈小雨,是中国人。丁凡是我的同学。大卫和田中幸子是我的朋友,他们是留学生。我很高兴认识他们。

 看一看,说一说 Kàn yi kàn, shuō yi shuō
Look at the pictures and talk about them.

1. 多多跟新老师第一次见面,介绍了一下自己。
Duoduo introduces himself to the new teacher he meets for the first time.

2. 多多想认识一下他的新同学。

Duoduo meets his new classmate.

3. 多多介绍两位朋认识。

Duoduo introduces two friends of his to each other.

 听一听, 读一读 Tīng yi tīng, dú yi dú

Listen and read the following syllables.

zh	z	ch	c	sh	s
zhī(知)	zī(滋)	chī(吃)	cī(刺)	shī(师)	sī(思)
zhí(直)	zí	chí(迟)	cí(词)	shí(十)	sí
zhǐ(只)	zǐ(子)	chǐ(尺)	cǐ(此)	shǐ(使)	sǐ(死)
zhì(志)	zì(自)	chì(斥)	cì(次)	shì(是)	sì(四)

zīyuán（资源）　　zhīyuán（支援）　　zìzhì（自治）　　zhìzào（制造）

cāshǒu（擦手）　chāshǒu（插手）　cānchē（餐车）　chūcì（初次）

sīrén（私人）　shīrén（诗人）　sùshè（宿舍）　shēnsī（深思）

读一读 Dú yi dú Read the tongue twister.

四是四，十是十，十四是十四，四十是四十。
Sì shì sì, shí shì shí, shísì shì shísì,   sìshí shì sìshí。

十四不是四十，四十不是十四。
Shísì bú shì sìshí,   sìshí bú shì shísì。

看看谁能说准四十、十四、四十四。
Kànkan shéi néng shuō zhǔn sìshí、shísì、sìshísì。

 你知道吗? Nǐ zhīdào ma? Do you know?

中国人的名字分为姓和名两部分，姓在前，名在后。姓多为一个字，如"陈"、"丁"、"王"、"张"等，少数是两个字，如"欧阳"、"司徒"等。名有一个字的，也有两个字的。写拼音时，姓和名要分开写，且各自的第一个字母都要大写，如：陈小雨 Chén Xiǎoyǔ。

在实际生活中，熟人之间，称呼比自己年龄大的人，一般在姓氏之前加"老"，像"老陈"、"老王"。称呼比自己年龄小的人，一般在姓氏前加"小"，像"小丁"、"小张"。不过对老师或长辈你可不能这样称呼，在中国人看来，那可是不尊重的。

The full name of a Chinese person is made of the family name and the given name, with the former proceeding the latter. Most of the family names consist of one Chinese character like "陈"、"丁"、"王" and "张", while a few have two characters such as "欧阳" and "司徒". The given name has either one or two characters. In *pinyin*, the family name and the given name should be written separately with the first letters capitalized, for example, 陈小雨 Chén Xiǎoyǔ.

The Chinese people usually call their senior acquaintances by adding "老" to their family names like "老陈"and "老王", and call their juniors by adding "小" to their family names such as "小丁"and "小张". However, it is not proper for a student to call his/her teacher this way, as it would be considered being disrespectful for the teacher.

第三课 你喜欢干什么？

Dì-sān kè　　Nǐ xǐhuan gàn shénme?

Lesson Three What do you like to do?

 说一说 Shuō yi shuō Read the dialogues.

大 卫：幸子，你喜欢踢足球吗？

Dàwèi: 　Xìngzǐ, nǐ xǐhuan tī zúqiú ma?

　　　　Xingzi, do you like playing football?

幸 子：不喜欢。

Xìngzǐ: 　Bù xǐhuan.

　　　　No, I don't like it.

大 卫：幸子，你下课以后喜欢干什么？

Dàwèi: 　Xìngzǐ, nǐ xiàkè yǐhòu xǐhuan gàn shénme?

　　　　Xingzi, what do you like to do after class?

幸 子：我喜欢听音乐。

Xìngzǐ: 　Wǒ xǐhuan tīng yīnyuè.

　　　　I like to listen to music.

大　卫： 小雨也喜欢听音乐。
Dàwèi： Xiǎoyǔ yě xǐhuan tīng yīnyuè.
Xiaoyu likes to listen to music, too.

幸　子： 我们是好朋友，有很多相同的爱好。
Xìngzǐ： Wǒmen shì hǎo péngyou, yǒu hěnduō xiāngtóng de àihào.
We are good friends and have many hobbies in common.

辛 子：大卫，你喜欢听音乐还是踢足球？

Xìngzǐ：　Dàwèi,　nǐ xǐhuan tīng yīnyuè háishi tī zúqiú?

　　　　　David, do you like listening to music or playing football ?

大 卫：我喜欢踢足球，是一个球迷。

Dàwèi：　Wǒ xǐhuan tī zúqiú, shì yí ge qiúmí.

　　　　　I like playing football. I am a ball fan.

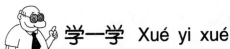

学一学 Xué yi xué

Learn the following sentence patterns.

1. 我喜欢听音乐。

　Wǒ xǐhuan tīng yīnyuè。

　I like to listen to music.

2. 你喜欢踢足球吗？

　Nǐ xǐhuan tī zúqiú ma?

　Do you like playing football?

3. 你下课以后喜欢干什么？

　Nǐ xiàkè yǐhòu xǐhuan gàn shénme?

　What do you like to do after class?

4. 你喜欢听音乐还是踢足球？

　Nǐ xǐhuan tīng yīnyuè háishi tī zúqiú?

　Do you like listening to music or playing football?

记一记 Jì yi jì Learn the new words and expressions.

喜欢	（动）	xǐhuan	to like
踢	（动）	tī	to play, to kick
足球	（名）	zúqiú	football, soccer
下课		xiàkè	after class
以后	（名）	yǐhòu	after, ... later

21

干	（动）	gàn	to do
听	（动）	tīng	to listen, to hear
音乐	（名）	yīnyuè	music
多	（形）	duō	many, much
相同	（形）	xiāngtóng	same
爱好	（名）	àihào	hobby
还是	（连）	háishi	or
一	（数）	yī	one
个	（量）	gè	（a classifier）
球	（名）	qiú	ball
迷	（名）	mí	fan

 跟我念 Gēn wǒ niàn Read after me.

hāi	hái	hǎi	hài	hái	还是 ｝还是
shī	shí	shǐ	shì	shi	喜
xī	xí	xǐ	xì	xǐ	欢 ｝喜欢
huān	huán	huǎn	huàn	huan	
xiāng	xiáng	xiǎng	xiàng	xiāng	相
tōng	tóng	tǒng	tòng	tóng	同 ｝相同
āi	ái	ǎi	ài	ài	爱
hāo	háo	hǎo	hào	hào	好 ｝爱好

足球	zúqiú
踢足球	tī zúqiú
喜欢踢足球	xǐhuan tī zúqiú
大卫喜欢踢足球。	Dàwèi xǐhuan tī zúqiú.
大卫很喜欢踢足球。	Dàwèi hěn xǐhuan tī zúqiú.

音乐　　　　　　　　　　　yīnyuè

听音乐　　　　　　　　　　tīng yīnyuè

喜欢听音乐　　　　　　　　xǐhuan tīng yīnyuè

下课以后喜欢听音乐　　　　xiàkè yǐhòu xǐhuan tīng yīnyuè

小雨下课以后喜欢听音乐。 Xiǎoyǔ xiàkè yǐhòu xǐhuan tīng yīnyuè.

小雨和幸子下课以后喜欢听音乐。

Xiǎoyǔ hé Xìngzǐ xiàkè yǐhòu xǐhuan tīng yīnyuè.

 试一试 Shì yi shì Substitute the underlined parts.

1. —你下课以后喜欢干什么？

　　—我喜欢听音乐。

下课以后	聊天(liáotiān, to chat)；
在家(zài jiā, at home)	看书(kànshū, to read books)；
暑假(shǔjià, summer vacation)	旅游(lǚyóu, to travel)

2. 你喜欢听音乐还是踢足球？

看(kàn, to see)电影(diànyǐng, movie)　看电视(diànshì, TV)；
出去(chūqu, to go out)旅游
玩电脑游戏(wán diànnǎo yóuxì, to play computer games)；
自助(zìzhù, DIY)旅游　团体(tuántǐ, group)旅游

3. 我是一个球迷。

歌(gē, song)迷；	戏(xì, drama, opera)迷；
影(yǐng, movie)迷；	网虫(wǎngchóng, internet bug)

念一念，连一连 Niàn yi niàn, lián yi lián

Read the passage and do the exercise.

丁凡的日记：

　　幸子和小雨是好朋友，有很多相同的爱好，比如（bǐrú, for example）听音乐、聊天。大卫不喜欢听音乐。他喜欢睡觉（shuìjiào, to sleep），也喜欢踢足球，是一个球迷。我呢，我喜欢上网（shàngwǎng, to surf the Internet），是一个网虫，电脑是我最（zuì, most）好的朋友。

丁凡	网虫
幸子	球迷
大卫	聊天

 连一连 Lián yi lián

Rearrange the given words into sentences.

1. 什么　　干　　喜欢　　你
2. 很　　大卫　　喜欢　　睡觉
3. 有　　爱好　　的　　相同　　我们
4. 喜欢　　听　　以后　　下课　　幸子　　音乐
5. 陈老师　喜欢　　还是

　　四川菜（Sìchuān cài, Sichuan cuisine）

　　广东菜（Guǎngdōng cài, Guangdong cuisine）

 译一译 Yì yi yì Translate the following sentences.

1. 她是日本留学生。你是哪国人？
2. 小雨和幸子都喜欢听音乐。
3. 你喜欢踢足球还是看电视？

聊一聊 Liáo yi liáo Chat on the following topic.

和你的同学朋友聊聊你们的爱好。注意使用句型：

Talk about your hobbies with your classmates, using the following sentence patterns：

"你喜欢……吗？"

"你喜欢……还是……？"

"你……喜欢干什么？"

读一读 Dú yi dú Read the passage.

A：nā ná nǎ nà。

B：Nǐ zài liànxí fāyīn ma?

A：Shì'a, wǒ juéde fāyīn yǒudiǎnr nán。

B：Nǐ fāyīn hěn qīngchǔ。

A：Hái chà de yuǎn ne。

B：Yàoshi nǐ měitiān liànxí, jiù néng xué de hěnhǎo!

听一听,读一读 Tīng yi tīng, dú yi dú

Listen and read the following syllables.

lì（力） nì（腻） lǎo（老） nǎo（脑） lán（蓝） nán（难）

lùyīn（录音） lùyīn（绿荫） nùsè（怒色） lùsè（绿色）

dànù（大怒） dàlù（大陆） nǔlì（努力） lǚlì（履历）

nìxiàng（逆向） lìxiàng（立项） nùqì（怒气） lùxù（陆续）

你知道吗？ Nǐ zhīdào ma? Do you know?

随着中国与国外交流不断，许多新鲜事物的外文名称缩写也直接进入了汉语的词汇，并且基本保持了原意。下面这些词相信你一定不陌生吧：

CD　VCD　DVD　MTV　WTO　E-mail　IT　NBA
MBA　QQ　ICQ

还有一些词，虽然没有采用外文字母，但是却是根据外文发音给出了汉字。那么，下面的这些词聪明的你能否根据拼音猜出意思呢？

kǎlāOK　　Kěkǒu Kělè　Bǎishì Kělè　pīsà shālā
Màidāngláo　Kěndéjī　xiāngbīn　　tǎnkè

With the continuation of exchanges between China and other countries of the world, a lot of English abbreviations have been directly introduced into the Chinese language. The following are just a few examples:

CD　VCD　DVD　MTV　WTO　E-mail　IT　NBA
MBA　QQ　ICQ

Some other English expressions, although not directly introduced, have been borrowed into the Chinese language vocabulary according to their original pronunciations. Could you guess the meanings of the following words by means of *pinyin*?

卡拉OK　　可口可乐　　百事可乐　　披萨沙拉
kǎlāOK　　Kěkǒu Kělè　Bǎishì Kělè　pīsà shālā

麦当劳　　肯德基　　香槟　　坦克
Màidāngláo　Kěndéjī　xiāngbīn　tǎnkè

第四课　几点了,爷爷?

Dì-sì kè　　　Jǐ diǎn le,　Yéye?

Lesson Four　What time is it, Grandpa?

 说一说 Shuō yi shuō Read the dialogues.

小　雨：几点了,爷爷?

Xiǎoyǔ：　Jǐ diǎn le,　yéye?

　　　　　What time is it, Grandpa?

陈　平：七点半了,你要迟到了。

Chén Píng：Qī diǎn bàn le, nǐ yào chídào le。

　　　　　It is 7：30. You will be late.

小　雨：爷爷,今天星期六,不上课!

Xiǎoyǔ：　Yéye, jīntiān xīngqīliù, bú shàng kè!

　　　　　Grandpa, it is Saturday today. I have no class!

陈　平：小雨,你们什么时候放暑假?

Chén Píng：Xiǎoyǔ, nǐmen shénme shíhou fàng shǔjià?

　　　　　Xiaoyu, when will your summer vacation begin?

小　雨：　下个星期。
Xiǎoyǔ：　Xià ge xīngqī。
Next week.

陈　平：　多长时间呢？
Chén Píng：Duō cháng shíjiān ne?
How long is it?

小　雨：　一个半月。
Xiǎoyǔ：　Yí ge bàn yuè。
One and a half months.

大 卫： 幸子，明天几号？

Dàwèi： Xìngzǐ, míngtiān jǐ hào?

It will be September 1st tomorrow.

幸 子： 明天九月一号。

Xìngzǐ： Míngtiān jiǔ yuè yī hào。

It will be September 1st tomorrow.

大 卫： 啊，要上课了。

Dàwèi： Ā, yào shàng kè le。

Ah, we are going to have classes.

幸 子： 看你，一个暑假，什么都忘了。

Xìngzǐ： Kàn nǐ, yí ge shǔjià, shénme dōu wàng le。

Oh dear, you have forgot everything after the summer vacation.

学一学 Xué yi xué

Learn the following sentence patterns.

1. 今天星期几？—今天星期六。

   Jīntiān xīngqījǐ? — Jīntiān xīngqīliù。

   What day is today? — Today is Saturday.

2. 明天几月几号？—明天九月一号。

   Míngtiān jǐ yuè jǐ hào? — Míngtiān jiǔ yuè yī hào.

   What will the date be tomorrow? — It will be September 1st. tomorrow.

3. 现在几点？—七点半。

   Xiànzài jǐ diǎn? — Qī diǎn bàn。

   What time is it now? — It is 7:30.

零	一	二	三	四	五	六	七	八	九	十
líng	yī	èr	sān	sì	wǔ	liù	qī	bā	jiǔ	shí
zero	one	two	three	four	five	six	seven	eight	nine	ten

百	千	万
bǎi	qiān	wàn
hundred	thousand	ten thousand

记一记 Jì yi jì Learn the new words and expressions.

几	（代）	jǐ	what, how many
点	（名）	diǎn	o' clock
了	（助）	le	（a particle）
半	（数）	bàn	half
要	（助动）	yào	want, will
迟到	（动）	chídào	to be late
今天	（名）	jīntiān	today
星期六	（名）	xīngqīliù	Saturday
上课		shàng kè	have classes
时候	（名）	shíhou	time, when
放（假）	（动）	fàng（jià）	to have （holidays）
下	（名）	xià	next
星期	（名）	xīngqī	week
多	（副）	duō	how
长	（形）	cháng	long
时间	（名）	shíjiān	time
月	（名）	yuè	month
明天	（名）	míngtiān	tomorrow
号	（名）	hào	day, date
啊	（叹）	ā	（a particle）
忘	（动）	wàng	to forget

跟我念 Gēn wǒ niàn Read after me.

shī	shí	shǐ	shì	shí	时
hōu	hóu	hǒu	hòu	hou	候
duō	duó	duǒ	duò	duō	多
chāng	cháng	chǎng	chàng	cháng	长
shī	shí	shǐ	shì	shí	时
jiān	jián	jiǎn	jiàn	jiān	间
chī	chí	chǐ	chì	chí	迟
dāo	dáo	dǎo	dào	dào	到
shū	shú	shǔ	shù	shǔ	暑
jiā	jiá	jiǎ	jià	jià	假

时候　多长　时间　多长时间　迟到　暑假

早上	上午	中午	下午	晚上
zǎoshang	shàngwǔ	zhōngwǔ	xiàwǔ	wǎnshang
early morning	morning	noon	afternoon	evening

昨天	今天	明天
zuótiān	jīntiān	míngtiān
yesterday	today	tomorrow

上个星期	这个星期	下个星期
shàng ge xīngqī	zhè ge xīngqī	xià ge xīngqī
last week	this week	next week

上个月	这个月	下个月
shàng ge yuè	zhè ge yuè	xià ge yuè
last month	this month	next month

去年	今年	明年
qùnián	jīnnián	míngnián
last year	this year	next year

昨天 2002 年 7 月 12 日（rì, day），星期六。

Zuótiān èrlínglíng' èr nián qī yuè shí' èr rì, xīngqīliù.

Yesterday was Saturday, July 12th, 2002.

现在（now）四点四十四分（minute）。

Xiànzài sìdiǎn sìshísì fēn.

It is 4:44 now.

 试一试 Shì yi shì Substitute the underlined parts.

1. 今天几号？
   一月一号。

昨天	五月五号；
今天	八月十五号；
明天	九月九号

2. 今天星期几？
   星期天(Sunday)。

一；	二；	三；	四；	五；	六

3. 现在几点了？（7:30）
   七点半。

6:30；	9:27；	10:36；	22:00；
8:05；	15:55；	1:15；	12:45

4. 你什么时候<u>上课</u>?
   <u>九月一号</u>。

来(lái, to come)北京(Běijīng, Beijing)	两个星期以后;
去(qù, go)上海(Shànghǎi, Shanghai)	下个星期五;
回(huí, to return)国	八月以前(yǐqián, before);
来这儿(zhèr, here)	明天下午

5. 他<u>来中国</u> <u>一个月</u>了。

认识大卫	半年;
学习(xuéxí, to learn)汉语	三个星期;
在这儿等(děng, to wait)你	两个半小时(xiǎoshí, hour)

6. 7   5   4   8   6   3   0   0   2
    七   五   四   八   六   三   零   二
    万   千   百   十   千

    1   0   9   0   4
    一   零   九   零   四
    万   百

   现在请你念一念: 15   207   3980   46008

填一填 Tián yi tián

Complete the following dialogues.

1. A:你早上几点起床(qǐchuáng, to get up)?

   B:＿＿＿＿＿＿,你呢?

   A:＿＿＿＿＿＿。

2. A:他回国＿＿＿＿＿＿了?

   B:半年了。你打算(dǎsuan, to plan)＿＿＿＿＿＿＿回国?

   A:下个星期天。

3. A:你们早上＿＿＿＿＿＿上课?

   B:八点半。

   A:你们要上＿＿＿＿＿＿?

   B:三个半小时。

4. A:小雨,起床了。

   B:＿＿＿＿＿＿了?

   A:七点半了,你上课要迟到了。

选一选 Xuǎn yi xuǎn Choose the right ones.

我是＿A＿到(dào, to arrive)上海的。

我来上海＿B＿了。

去年	两点	一个星期	二月
两个月	三天	星期二	两年

A 选: 去年、＿＿＿＿＿＿＿＿＿＿＿

B 选: 两个月、＿＿＿＿＿＿＿＿＿＿＿

译一译 Yì yi yì Translate the following sentences.

1. 你来中国多长时间了？

2. 你什么时候和大卫踢足球？

3. 我们明天晚上八点看电影。

 讲一讲 Jiǎng yi jiǎng Talk on the following topics.

1. 请你讲讲你的一天。 What do you do in a day?

2. 多多的一天。 What does Duoduo do in a day?

①

②

③

听一听, 读一读 Tīng yi tīng, dú yi dú

Listen and read the following syllables.

fēifǎ（非法） fēngfù（丰富） fǎngfú（仿佛）

fūfù（夫妇） hòuhuǐ（后悔） huānhū（欢呼）

héhuā（荷花） Huánghé（黄河） fúhào（符号）

fánhuá（繁华） fǎnhuí（返回） fèihuà（废话）

hǎo fāngfǎ（好方法） huó huǒshān（活火山） hēihūhū（黑糊糊）

听一听, 填一填 Tīng yi tīng, tián yi tián

Listen and fill the initials in the blanks.

_ǎo_èi（宝贝） _ā_ǎi（八百） _ěi_ian（北边）

_à_a（爸爸） _á_ào（达到） _ěng_ài（等待）

_ì_iǎn（地点） _ì_i（弟弟） _ōng_òng（公共）

_ǎi_é（改革） _uǎng_ào（广告） _ē_e（哥哥）

_īn_án（拼盘） _í_a（琵琶） _ī_íng（批评）

_ó_o（婆婆） _éng_òng（疼痛） _ái_óu（抬头）

_àn_ǎo（探讨） _ài_ai（太太） _ě_ào（可靠）

_uān_uò（宽阔） _è_ǔ（刻苦） _āng_ǎi（慷慨）

_ā _í_i、_ī shí_ou zhǐ _uì _ī _éng jiǎo zhǐ_ou。

（发脾气、踢石头, 只会踢疼脚指头。）

你知道吗？ Nǐ zhīdào ma? Do you know?

来跟我一起做，看看中国人是怎么用手说数字的：

中国人说时间一般是按照这样的顺序：

年／月／日／点／分；　　　年／月／日／星期几

例如：

2000 年 6 月 20 日 8 点 15 分

2002 年 7 月 22 日星期一

注意哦，读年份的时候，是把这几个数字一个一个读出来，而不是读整个一个四位数，试试看：

1876 年　　1903 年　　1990 年　　2002 年

Let's see how a Chinese person indicates a number by hand:

This is the sequence of time phrases in Chinese:

Year / Month / Date / Hour / Minute

Year / Month / Date / Weekday

It should be noticed, however, that in Chinese the year is read by digit instead of the number as a whole. Try to read the following years in Chinese:

1876 年　 1903 年　 1990 年　 2002 年

第五课　明天天气怎么样?

Dì-wǔ kè　　Míngtiān tiānqì zěnmeyàng?

Lesson Five　What will the weather be like tomorrow?

 说一说 Shuō yi shuō Read the dialogues.

20~25℃　　　　　　　　22~26℃

天气预报：今天多云，20 到 25 度。明天晴，22 到 26 度。

Tiānqì yùbào：Jīntiān duōyún, èrshí dào èrshíwǔ dù. Míngtiān qíng, èrshí'èr dào èrshíliù dù.

The weather report：It is cloudy today with a temperature ranging from 20℃ to 25℃. It will be sunny tomorrow, and the temperature will go from 22℃ to 26℃.

大 卫： 丁凡，明天星期六。我们出去玩儿吧。
Dàwèi： Dīng Fán, míngtiān xīngqīliù。Wǒmen chūqù wánr ba。
It will be Saturday tomorrow. Let's go out and have fun.

丁 凡： 你听天气预报了吗？明天天气怎么样？
Dīng Fán： Nǐ tīng tiānqì yùbào le ma? Míngtiān tiānqì zěnmeyàng?
Did you listen to the weather report? What will the weather be like tomorrow?

大 卫： 好极了，不冷也不热，是晴天。
Dàwèi： Hǎo jí le, bù lěng yě bú rè, shì qíngtiān。
It will be a fine day, neither cold nor hot. It will be sunny.

丁 凡： 我们去爬山。
Dīng Fán： Wǒmen qù pá shān。
Let's go to climb the hills.

大 卫： 好！
Dàwèi： Hǎo!
OK!

陈 平： 小雨，你为什么没出去玩儿？
Chén Píng： Xiǎoyǔ, nǐ wèishénme méi chūqu wánr?
Xiaoyu, why don't you go out and have fun?

小 雨： 爷爷，你看，最近天气糟透了，一直下雨，也很冷。
Xiǎoyǔ： Yéye, nǐ kàn, zuìjìn tiānqì zāo tòu le, yìzhí xià yǔ, yě hěn lěng。
You see, grandpa, it is so bad recently. It is always raining and very cold.

等天气好了再出去玩儿。
Děng tiānqì hǎo le zài chūqu wánr。
I won't go out until the weather is fine.

学一学 Xué yi xué

Learn the following sentence patterns.

1. 今天多云，20 到 25 度。
   Jīntiān duōyún, èrshí dào èrshíwǔ dù。
   It is cloudy today. The temperature is from 20℃ to 25℃.

2. 明天天气怎么样？
   Míngtiān tiānqì zěnmeyàng?
   What will the weather be like tomorrow?

3. 天气好极了,不冷也不热,是晴天。
   Tiānqì hǎo jí le, bù lěng yě bú rè, shì qíngtiān。
   It will be a fine day, neither cold nor hot. It will be sunny.

4. 等天气好了再出去玩儿。
   Děng tiānqì hǎo le zài chūqù wánr。
   I won't go out until the weather is fine.

记一记 Jì yi jì Learn the new words and expressions.

天气	（名）	tiānqì	weather
预报	（名）	yùbào	forecast
多云		duōyún	cloudy
度	（名）	dù	degree
晴	（形）	qíng	sunny
玩儿	（动）	wánr	to play
怎么样	（代）	zěnmeyàng	how
好极了。		Hǎo jí le.	That's great.
冷	（形）	lěng	cold
热	（形）	rè	hot

爬山		pá shān	to climb a hill (or mountains)
为什么		wèishénme	why
没(有)	（副）	méi(you)	no, not
遭透了。		Zāo tòu le。	It's very bad.
一直	（副）	yìzhí	always
雨	（名）	yǔ	rain
下雨		xiàyǔ	to rain
再	（副）	zài	again, then

跟我念 Gēn wǒ niàn Read after me.

tiān	tián	tiǎn	tiàn	tiān
qī	qí	qǐ	qì	qì
yū	yú	yǔ	yù	yù
bāo	báo	bǎo	bào	bào
lēng	léng	lěng	lèng	lěng
rē	ré	rě	rè	rè
yī	yí	yǐ	yì	yì
zhī	zhí	zhǐ	zhì	zhí

天气预报
天气
预报
冷热
一直

天气预报
天气
预报
冷热
一直

山	shān
爬山	pá shān
去爬山	qù pá shān
什么时候去爬山?	Shénme shíhou qù pá shān?
我们什么时候去爬山?	Wǒmen shénme shíhou qù pá shān?
雨	yǔ
下雨	xià yǔ
一直下雨	yìzhí xià yǔ

北京一直下雨。　　　　　　　Běijīng yìzhí xià yǔ.

最近北京一直下雨。　　　　　Zuìjìn Běijīng yìzhí xià yǔ.

天气预报说最近北京一直下雨。

Tiānqì yùbào shuō zuìjìn Běijīng yìzhí xià yǔ.

听天气预报说最近北京一直下雨。

Tīng tiānqì yùbào shuō zuìjìn Běijīng yìzhí xià yǔ.

我听天气预报说最近北京一直下雨。

Wǒ tīng tiānqì yùbào shuō zuìjìn Běijīng yìzhí xià yǔ.

试一试 Shì yi shì　Substitute the underlined parts.

1. 今天<u>多云</u>,明天<u>晴</u>。

有（yǒu, to have）雨	阴（yīn, gloomy）;
有小雪（xuě, snow）	晴

2. —明天天气怎么样?

　—<u>晴</u>。

今天	风（fēng, wind）很大（dà, strong）;
昨天	很冷;
北京	很热;
上海	有大雨（dàyǔ, heavy rain）

3. <u>你</u>为什么<u>没出去玩儿</u>?

幸子	来中国学习汉语;
丁凡	喜欢上网;
今天	不上课

4. 等<u>天气好了</u>再<u>出去玩儿</u>。

小雨来了　　　　　　　一起（yìqǐ, together）
　　　　　　　　　　　　走（zǒu, to go）；

我回来（huílái, to come back）去你家；

下课了　　　　　　　　去认识新同学；

吃完（wán, to finish）晚饭（wǎnfàn, supper）

　　　　　　　　　　　去网吧（wǎngbā, Internet bar）

做一做 Zuò yi zuò

Make sentences with the given words.

1. 一直
2. 怎么样　（例：今天天气怎么样？）
3. 为什么
4. 等……再……

连一连 Lián yi lián

Rearrange the given words into sentences.

1. 怎么样　　天气　　　今天
2. 今天　　　雨　　　　下　　　了
3. 天气好　　去爬山　　等　　　再　　　了　　　我们
4. 最近　　　　　　　　风　　　很大　　为什么
5. 明天　　热　　　很　　　度　　　30到33

讲一讲 Jiǎng yi jiǎng Talk on the following topics.

1. 你所在城市最近的天气。
   Talk about the weather of the last few days in your city.

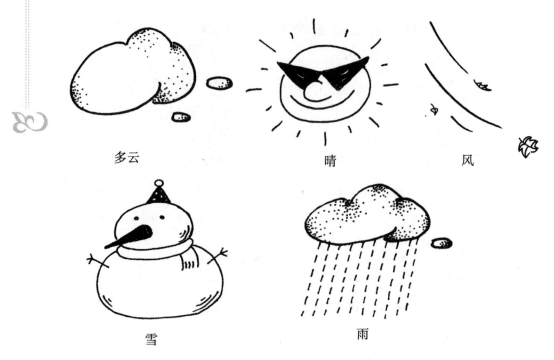

多云　　　　　　　晴　　　　　　　风

雪　　　　　　　　雨

2. 谈谈最近你家乡的天气。

Talk about the weather of the last few days in your hometown.

读一读 "一"　Dú yi dú "yī"　Read "one".

yī　shíyī（十一）　　　　　　yībān（一班）

　　yīlóu（一楼）　　　　　　 wànyī（万一）

yí　yízhì（一致）　　　　　　yíkuài（一块）

　　yíqiè（一切）　　　　　　 yíge（一个）

yì　yìjīn（一斤）　　　　　　 yìzhí（一直）

　　yìqǐ（一起）　　　　　　 yìběn（一本）

yi　tīng yi tīng（听一听）　　dú yi dú（读一读）

　　xiě yi xiě（写一写）　　　 kàn yi kàn（看一看）

yìsīyìháo（一丝一毫）　　　　yìxīnyíyì（一心一意）

yìzhāoyìxī（一朝一夕）　　　 yìzǎoyìwǎn（一早一晚）

yípiànhǎoxīn（一片好心）　　 yíqièshùnlì（一切顺利）

dàniánchūyī（大年初一）　　 bǎilǐtiāoyī（百里挑一）

猜一猜 Cāi yi cāi Guess the riddles.

东一片，
西一片，
隔座高山不见面，
猜不着，
请再听一遍。
（打身体上的一物）

Dōng yí piàn,
Xī yí piàn,
Gé zuò gāoshān bú jiàn miàn,
Cāi bu zháo,
Qǐng zài tīng yí biàn。
（Dǎ shēntǐ shàng de yí wù）

上边毛，下边毛，
中间有一个水葡萄。
（打身体上的一物）

Shàngbiān máo, xiàbiān máo,
Zhōngjiān yǒu yí ge shuǐ pútao。
（Dǎ shēntǐ shàng de yí wù）

你知道吗? Nǐ zhīdào ma? Do you know?

中国人谈温度，如果不特别指明的话，"度"一般就是指摄氏，而不是指华氏。所以，如果你习惯了听华氏度，那么在中国听天气预报的时候，可得记着：这是摄氏哦！

In Chinese, "度" as a temperature measuring word refers to Centigrade degrees as a rule unless it is specified. If you are used to the Fahrenheit system, don't take it for granted that the degree referred to in a Chinese weather report is the same as in your own country.

第六课　喂，请问小雨在吗?

Dì-liù kè　　Wèi, qǐng wèn Xiǎoyǔ zài ma?

Lesson Six　　Hello, is that Xiaoyu speaking?

 说一说 Shuō yi shuō Read the dialogues.

辛　子: 大卫,你知道小雨家的电话号码吗?

Xìngzǐ:　Dàwèi, Nǐ zhīdào Xiǎoyǔ jiā de diànhuà hàomǎ ma?

David, do you know Xiaoyu's home telephone number?

大　卫: 65112019。

Dàwèi:　Liù wǔ yāo yāo èr líng yāo jiǔ.

65112019.

辛　子: 谢谢。

Xìngzǐ:　Xièxie。

Thank you.

大　卫: 不(用)谢。

Dàwèi:　Bú (yòng) xiè。

You are welcome.

幸 子： 喂，请问小雨在吗？
Xìngzǐ： Wèi, qǐng wèn Xiǎoyǔ zài ma?
Hello, is that Xiaoyu speaking?

陈 平： 她不在。有什么事儿？
Chén Píng：Tā bú zài。Yǒu shénme shìr?
She isn't in. Can I help you?

幸 子： 我是幸子，陈老师。请她给我打个电话，好吗？
Xìngzǐ： Wǒ shì Xìngzǐ, Chén Lǎoshī。 Qǐng tā gěi wǒ dǎ ge diànhuà, hǎo ma?
This is Xingzi speaking, Mr. Chen. Would you tell her to call me back, please?

陈 平： 好的，再见。
Chén Píng：Hǎo de, zàijiàn。
OK, goodbye.

幸 子： 再见。
Xìngzǐ： Zàijiàn。
Goodbye.

小 雨： 喂，是幸子吗？
Xiǎoyǔ： Wèi, shì Xìngzǐ ma?
Hello, is that Xingzi speaking?

幸 子： 是。你是小雨吧？星期六我们一起去看电影，好吗？
Xìngzǐ： Shì。 Nǐ shì Xiǎoyǔ ba? Xīngqīliù wǒmen yìqǐ qù kàn diànyǐng, hǎo ma?
Yes. Is it Xiaoyu? Let's go to see a movie on Saturday, shall we?

小 雨： 好啊。
Xiǎo yǔ： Hǎo a。
Good.

幸 子： 那么星期六晚上六点半电影院门口，不见不散。
Xìngzǐ： Nàme xīngqīliù wǎnshang liù diǎn bàn diànyǐngyuàn ménkǒu, bújiàn-búsàn。
Then, 6:30 on Saturday evening, at the entrance to the cinema.
I'll wait for you there until I see you.

小 雨： 不见不散。
Xiǎoyǔ： Bújiàn-búsàn。
So will I.

学一学 Xué yi xué

Learn the following sentence patterns.

1. 喂，请问小雨在吗？
   Wèi, qǐngwèn Xiǎoyǔ zài ma?
   Hello, is that Xiaoyu speaking?

2. 有什么事儿？
   Yǒu shénme shìr?
   Can I help you?

3. 请她给我打个电话，好吗？
   Qǐng tā gěi wǒ dǎ ge diànhuà, hǎo ma?
   Would you tell her to call me back, please?

4. 你知道小雨家的电话号码吗？
   Ni zhīdào Xiǎoyǔ jiā de diànhuà hàomǎ ma?
   Do you know Xiaoyu's home telephone number?

记一记 Jì yi jì Learn the new words and expressions.

知道	（动）	zhīdào	to know
电话	（名）	diànhuà	telephone
号码	（名）	hàomǎ	number
不（用）谢。		Bú（yòng）xiè.	You are welcome.
喂	（叹）	wèi	hello
请	（动）	qǐng	to please
问	（动）	wèn	to ask
在	（动）	zài	to be in（at, on）
事儿	（名）	shìr	thing
给	（介）	gěi	for, to
打（电话）	（动）	dǎ	to make a phone call
再见		zàijiàn	goodbye

那么	（连）	nàme	then
电影院	（名）	diànyǐngyuàn	cinema
门口	（名）	ménkǒu	gate, entrance
不见不散		bújiàn-búsàn	I'll wait for you there until I see you.

 跟我念 Gēn wǒ niàn Read after me.

diān	dián	diǎn	diàn	diàn	电	电话
huā	huá	huǎ	huà	huà	话	
hāo	háo	hǎo	hào	hào	号	号码
mā	má	mǎ	mà	mǎ	码	
zāi	zái	zǎi	zài	zài	再	再见
jiān	jián	jiǎn	jiàn	jiàn	见	
diān	dián	diǎn	diàn	diàn	电	电影
yīng	yíng	yǐng	yìng	yǐng	影	电影院
yuān	yuán	yuǎn	yuàn	yuàn	院	

号码 hàomǎ

电话号码 diànhuà hàomǎ

你家的电话号码 nǐ jiā de diànhuà hàomǎ

知道你家的电话号码 zhīdào nǐ jiā de diànhuà hàomǎ

不知道你家的电话号码 bù zhīdào nǐ jiā de diànhuà hàomǎ

我不知道你家的电话号码。
Wǒ bù zhīdào nǐ jiā de diànhuà hàomǎ。

我们都不知道你家的电话号码。
Wǒmen dōu bù zhīdào nǐ jiā de diànhuà hàomǎ。

电话 diànhuà

打电话 dǎ diànhuà

打一个电话 dǎ yí ge diànhuà

给陈老师打一个电话 gěi Chén lǎoshī dǎ yí ge diànhuà

下课以后给陈老师打一个电话

xiàkè yǐhòu gěi Chén lǎoshī dǎ yí ge diànhuà

她下课以后给陈老师打一个电话。

Tā xiàkè yǐhòu gěi Chén lǎoshī dǎ yí ge diànhuà.

请她下课以后给陈老师打一个电话。

Qǐng tā xiàkè yǐhòu gěi Chén lǎoshī dǎ yí ge diànhuà.

不见不散！   Bújiàn-búsàn!

我们不见不散！   Wǒmen bújiàn-búsàn!

我们电影院门口不见不散！

Wǒmen diànyǐngyuàn ménkǒu bújiàn-búsàn!

我们星期天电影院门口不见不散！

Wǒmen xīngqītiān diànyǐngyuàn ménkǒu bújiàn-búsàn!

试一试 Shì yi shì Substitute the underlined parts.

1. 你知道小雨家的电话号码吗？

> 幸子的手机（shǒujī, mobile phone）号码；
>
> 丁凡的手机号码；
>
> 陈老师办公室（bàngōngshì, office）的电话号码；
>
> 小雨的 E-mail 地址（dìzhǐ, address）

2. A：请问小雨在吗？

   B：在，请等一会儿（yí huìr, to wait a moment）。

> 大卫；   幸子；   小丁；   老陈

3. 请她给我打个电话。

你	丁凡	打个电话;
小雨	她爷爷	打个电话;
他	大卫	带个信儿 (dài ge xìnr, to take a message)

4. A：星期六一起去看电影，好吗?

明天去爬山;
今天我们学习打电话;
请你告诉 (gàosu, to tell) 大卫;
请你给幸子带个信儿

B：对不起 (duì bùqǐ, sorry), 不行 (xíng, ok, yes)。

填一填 Tián yi tián Complete the following dialogue.

A：你好，请问是丁凡吗?

B：对不起，他不在。_____?

A：我是他的同学大卫，_____?

B：好的。你的电话号码是多少?

A：64125986。谢谢。

B：_____。

念一念,答一答 Niàn yi niàn, dá yi dá
Read the dialogue and answer the questions.

A：你好，北京饭店 (fàndiàn, hotel)。

B：你好，请转 (zhuǎn, to get) 2309 号 (number) 房间 (fángjiān, room)。

A：请稍等 (shāo děng, to hold on)。……对不起，

现在忙 (máng, busy)，请稍后 (shāo hòu, after a while)

再拨（bō, to dial）。

问题（wèn tí, question）：

    1. B 给哪儿打电话？

    2. 2309 号房间有人吗？

听一听，写一写 Tīng yi tīng, xiě yi xiě
Dictate the numbers.

13862338854   _____

_____   _____

译一译 Yì yi yì Translate the following sentences.

1. 喂，请问陈老师在吗？

2. 对不起，他不在。

3. 请给你的爸爸打个电话。

4. 我们一起去爬山，好吗？

5. 你知道幸子的电话号码吗？

演一演 Yǎn yi yǎn Act on the given situation.

    多多打电话请自己喜欢的女（nǚ, woman, female）同学星期六晚上去咖啡馆（kāfēiguǎn, café）聊天，但是女同学不在，她男（nán, man, male）朋友告诉多多女同学那天晚上有事儿，他们只好改在星期天晚上，女同学的男朋友也一起去了。

    Duoduo calls a girl he likes for a chat in a café on Saturday evening. The girls happens to be out and her boy-friend answers the phone and tells Duoduo that the girl is not free on Saturday evening. Duoduo has to change the date to Sunday evening. The girl's boy-friend joins them.

读一读 Dú yi dú

Read the following phonetic drills.

jīngjì（经济）   jiějué（解决）

jījí（积极）   jìjié（季节）

qīnqiè（亲切）   qǐngqiú（请求）

qiàqiǎo（恰巧）   qiāoqiāo（悄悄）

xuéxí（学习）   xiāngxìn（相信）

xiāoxi（消息）   xūxīn（虚心）

juǎnxīncài（卷心菜） xīchénqì（吸尘器）

qìxiàngzhàn（气象站）

酒逢知己千杯少，话不投机半句多。

Jiǔ féng zhījǐ qiān bēi shǎo, huà bù tóujī bàn jù duō.

练一练 Liàn yi liàn Read the tongue twister.

宽宽的河，   Kuānkuān de hé,

肥肥的鹅，   Féiféi de é,

鹅欲过河，   É yù guò hé,

河欲渡鹅，   Hé yù dù é,

不知是鹅过河，   Bù zhī shì é guò hé,

还是河渡鹅？   Háishi hé dù é?

猜一猜 Cāi yi cāi Guess the numbers.

在网上，有时为了聊天方便，会采用数字的谐音，用得最多的就是谈话结束时说886或88，试着读读看，你能猜出来意思吗？

Homophonies of some numbers are often adopted on the net for the sake of convinence. Among them 886 and 88 are most frequently used at the end of a talk. Try to read them and guess out their meanings.

你知道吗？ Nǐ zhīdào ma? Do you know?

　　"一"和"七"的读音相似，所以读电话号码和房间号码时，为了避免让别人听错，我们常常会把一（yī）读做 yāo。试试看：

13957286514　　　　　　010–88675670

114　　117　　119　　110　　120　　121

　　记住下面这几个电话号码，他们可以帮你很大的忙哦：

　　当你不知道某个人或某个地方的电话号码时，请拨 114；

　　当你发现有违法犯罪行为或你急需帮助时，请拨 110；

　　当你发现火灾时，请拨 119；

　　当你遇到急需医生抢救的情况时，请拨 120。

When we read telephone numbers or room numbers, we often read "yī" as "yāo" to avoid a possible misunderstanding, because the pronunciation of "yī" is very close to that of "qī". Now try to read:

13957286514　　010–88675670

114　　117　　119　　110　　120　　121

　The following telephone numbers will be of great help to you. Keep them in mind:

For telephone numbers, dial 114;

For police or emergent help, dial 110;

In case of a fire, dial 119;

When in medical emergency, dial 120.

第七课　请问, 去邮局怎么走?

Dì-qī kè　　　　Qǐng wèn, qù yóujú zěnme zǒu?

Lesson Seven Excuse me, how can I get to the post office?

 说一说 Shuō yi shuō Read the dialogues.

大 卫：请问, 去邮局怎么走?

Dàwèi：　Qǐng wèn, qù yóujú zěnme zǒu?

　　　　Excuse me, how can I get to the post office?

路 人：你一直往前走, 就在前面。

Lùrén：　Nǐ yìzhí wǎng qián zǒu, jiù zài qiánmian。

　　　　Go straight ahead. It is just over there.

大 卫：谢谢。

Dàwèi：　Xièxie。

　　　　Thanks.

路 人：不 (用) 谢。

Lùrén：　Bú (yòng) xiè。

　　　　You are welcome.

丁 凡： 嗨，小雨，你知道幸子住哪儿吗？

Dīng Fán： Hāi, Xiǎoyǔ, nǐ zhīdào Xìngzǐ zhù nǎr ma?

Hi, Xiaoyu, do you know where Xingzi lives?

小 雨： 她住在人民路76号501室。

Xiǎoyǔ： Tā zhù zài Rénmín Lù qīshíliù hào wǔlíngyī shì。

She lives in Apartment 501, No.76, Renmin Road.

丁 凡： 怎么走？

Dīng Fán： Zěnme zǒu?

How can I get there?

小 雨： 你可以打的，也可以坐26路车，到人民路下。

Xiǎoyǔ： Nǐ kěyǐ dǎ dī, yě kěyǐ zuò èrshíliù lù chē, dào Rénmín Lù xià。

You can take a taxi, or take a No.26 bus, and get off at Renmin Road.

丁 凡： 26路车站在哪儿？

Dīng Fán： Ershíliù lù chēzhàn zài nǎr?

Where is the No.26 bus stop?

小 雨： 就在对面。

Xiǎoyǔ： Jiù zài duìmiàn。

It is just across the street.

学一学 Xué yi xué
Learn the following sentence patterns.

1. 请问，去邮局怎么走？
   Qǐngwèn, qù yóujú zěnme zǒu?
   Excuse me, how can I get to the post office?

2. 你一直往前走，就在前面。
   Nǐ yìzhí wǎng qián zǒu, jiù zài qiánmian.
   Go straight ahead. It is just over there.

3. 你可以坐 26 路车，到人民路下。
   Nǐ kěyǐ zuò èrshíliù lù chē, dào Rénmín Lù xià.
   You can take No.26 bus, and get off at Renmin Road.

4. 26 路车站在哪儿？— 就在对面。
   Ershíliù lù chēzhàn zài nǎr? — Jiù zài duìmiàn.
   Where is the No.26 bus stop? — It is just across the street.

记一记 Jì yi jì Learn the new words and expressions.

邮局	（名）	yóujú	post office
怎么	（代）	zěnme	how
路人	（名）	lùrén	passerby
往	（介）	wǎng	toward
前(面)	（名）	qián(mian)	ahead, front
就	（副）	jiù	just
住	（动）	zhù	to live
哪儿	（代）	nǎr	where
室	（名）	shì	room
可以	（助动）	kěyǐ	may, can
打的		dǎ dī	to take a taxi
坐	（动）	zuò	to sit

58

路	（名）	lù	road
下	（动）	xià	to get off
车	（名）	chē	bus, car, etc.
车站	（名）	chēzhàn	bus stop
对面	（名）	duìmiàn	on the opposite side
人民路		Rénmín Lù	Renmin Road

 跟我念 Gēn wǒ niàn Read after me.

yōu	yóu	yǒu	yòu	yóu	邮 邮局
jū	jú	jǔ	jù	jú	局
wāng	wáng	wǎng	wàng	wǎng	往 往前
qiān	qián	qiǎn	qiàn	qián	前
zōu	zóu	zǒu	zòu	zǒu	走
chē	ché	chě	chè	chē	车 车站
zhān	zhán	zhǎn	zhàn	zhàn	站
duī	duí	duǐ	duì	duì	对 对面
miān	mián	miǎn	miàn	miàn	面

 试一试 Shì yi shì Substitute the underlined parts.

1. 请问，去邮局怎么走？
   你一直往前走，就在前面。

电影院；	网吧；
咖啡馆；	饭店

2. 你可以<u>坐 26 路车</u>, 到<u>人民路</u>下。

坐 4 路车	电影院;
打的	北京大学（Běijīng Dàxué,
	Peking University）;
坐地铁（dìtiě, subway）	复兴门（Fùxīng Mén）

3. <u>26 路车站</u>在哪儿?

大使馆（dàshǐguǎn, embassy）;	丁凡;
洗手间（xǐshǒujiān, wash-room）;	陈老师的办公室

选一选 Xuǎn yi xuǎn Choose the right ones.

怎么 哪儿 哪 什么 怎么样 几 多长时间

1. 你们_____点去看电影?

2. 嗨, 你是_____国人?

3. 昨天丁凡上网上了_____?

4. 你知道去王府井（Wángfǔjǐng）_____走?

5. 你_____时候来中国的?

6. 你的新手机_____?

7. 今天_____月_____号, 星期_____?

8. 暑假你干_____?

译一译 Yì yi yì Translate the following sentences.

1. 去大使馆怎么走？
2. 邮局在哪儿？
3. 坐 4 路车，到北京饭店下。
4. 一直往前走，办公室就在前面。

念一念，答一答 Niàn yi niàn, dá yi dá

Read the passage and answer the questions.

小雨的日记：

　　幸子现在住在人民路 76 号 501 室。我们可以坐 26 路去，也可以打的或者 (huòzhě, or) 坐地铁去，非常 (fēicháng, very) 方便 (fāngbiàn, convenient)。我们常常 (chángcháng, often) 去她家玩儿。

问题：

　　1. 幸子现在住哪儿？怎么去？
　　2. 小雨他们天天 (tiāntiān, every day) 都去幸子家玩儿吗？

听一听，答一答 Tīng yi tīng, dá yi dá

Listen to the two dialogues and answer the questions.

旁边 pángbiān, beside
教室 jiàoshì, classroom

一、问题：1. 邮局在哪儿？
　　　　　2. 电影院在哪儿？
二、问题：1. 大卫在教室吗？
　　　　　2. 大卫在干什么？

看一看，说一说 Kàn yi kàn, shuō yi shuō

Look at the pictures and talk about them.

以下是两幅简易路线示意图，请你说说怎么去要去的地方。

Please tell how to get to the place where you want to go.

十字路口 shízì lùkǒu crossroads

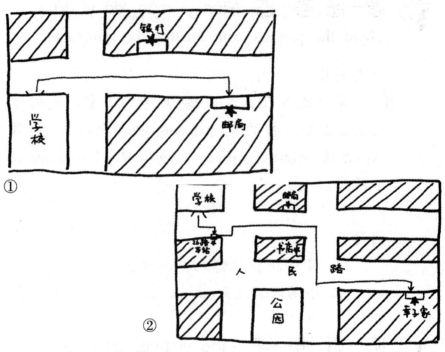

① ②

读一读 Dú yi dú

Read the following phonetic drills.

nàr（那儿）	huār（花儿）
niǎor（鸟儿）	gēr（歌儿）
tóur（头儿）	dànhuángr（蛋黄儿）
yǒujìnr（有劲儿）	yìdiǎnr（一点儿）
bīnggùnr（冰棍儿）	xiédàir（鞋带儿）
xiāngwèir（香味儿）	méishìr（没事儿）

进了门儿,倒杯水儿, Jìn le ménr, dào bēi shuǐr,

喝了两口运运气儿。 Hē le liǎng kǒu yùnyun qìr。

顺手拿起小唱本儿, Shùnshǒu náqi xiǎo chàngběnr,

唱了一曲儿又一曲儿。 Chàng le yì qǔr yòu yì qǔr。

练完嗓子练嘴皮儿: Liàn wán sǎngzi liàn zuǐpír:

绕口令儿,练字音儿, Ràokǒulìngr, liàn zìyīnr,

还有单弦儿牌子曲儿; hái yǒu dānxiánr páiziqǔr;

小快板儿、大鼓词儿, xiǎo kuàibǎnr、dàgǔcír,

又说又唱真带劲儿! Yòu shuō yòu chàng zhēn dàijìnr!

 你知道吗? **Nǐ zhīdào ma?** **Do you know?**

现在中国很多城市的公共汽车是无人售票的,一上车就要往钱箱里放一块钱或两块钱(看具体情况),公共汽车是不会找钱给你的,所以出门时一定要准备一些零钱,记住了吗?

Buses in many Chinese cities do not have conductors. Passengers are required to drop one *yuan* or two *yuan* in the money box when they get on the bus, depending on the different buses they take. Since the money box does not give changes, passengers are advised to have changes ready before getting on the bus.

第八课　爷爷请你吃饭！

Dì-bā kè　　　Yéye qǐng nǐ chī fàn!

Lesson Eight　I'd like to treat you to a meal!

 说一说 Shuō yi shuō Read the dialogues.

陈　平：小雨,走,爷爷请你吃饭。

Chén Píng：Xiǎoyǔ, zǒu, Yéye qǐng nǐ chī fàn。

Xiaoyu, come on, I'd like to treat you to a meal.

小　雨：太好了！我们就去那个小饭店。

Xiǎoyǔ：　Tài hǎo le!　Wǒmen jiù qù nà ge xiǎo fàndiàn。

Great! Let's go to that small restaurant.

服务员： 欢迎光临！请问，几位？
Fúwùyuán： Huānyíng guānglín! Qǐng wèn, jǐ wèi?
Welcome. Excuse me, how many of you?

小 雨： 两个。
Xiǎoyǔ： Liǎng ge。
Two.

服务员： 请坐。这是菜单。
Fúwùyuán： Qǐng zuò。 Zhè shì càidān。
Please sit here. This is the menu.

小 雨： 我要香菇青菜。爷爷，你呢？
Xiǎoyǔ： Wǒ yào Xiānggūqīngcài。 Yéye, nǐ ne?
I'd like to have green vegetable with mushroom. What about
you, Grandpa?

陈 平： 再来个辣子鸡，我喜欢吃辣的。
Chén Píng： Zài lái ge Làzǐjī, wǒ xǐhuan chī là de。
Spicy chicken, please. I prefer something spicy.

服务员： 请问，要喝什么？
Fúwùyuán： Qǐng wèn, yào hē shénme?
What would you like to drink?

小 雨： 可乐。
Xiǎoyǔ： Kělè。
Coke.

陈　平：	小姐，买单。
Chén Píng：	Xiǎojiě, mǎi dān。
	Waitress, the bill, please.

服务员：	一共二十五块，欢迎下次光临。
Fúwùyuán：	Yígòng érshíwǔ kuài, huānyíng xiàcì guānglín。
	25 yuan in all. Come again.

小　雨：	爷爷，你觉得这儿的菜怎么样？
Xiǎoyǔ：	Yéye, nǐ juéde zhèr de cài zěnmeyàng?
	Grandpa, how do you like the dishes?

陈　平：	很好吃，下次我们再来。
Chén Píng：	Hěn hǎochī, xiàcì wǒmen zài lái。
	Delicious. We'll come again.

学一学 Xué yi xué

Learn the following sentence patterns.

1. 爷爷请你吃饭。

   Yéye qǐng nǐ chīfàn。

   I'd like to treat you to a meal!

2. 这是菜单。

   Zhè shì càidān。

   This is the menu.

3. 我要香菇青菜，再来个辣子鸡。

   Wǒ yào Xiānggūqīngcài, zài lái ge Làzǐjī。

   I'd like to have green vegetable with mushroom, and spicy chicken, please.

4. 要喝什么？

Yào hē shénme?

What would you like to drink?

5. 你觉得这儿的菜怎么样？

Nǐ juéde zhèr de cài zěnmeyàng?

How do you like the dishes?

6. 欢迎光临。

Huānyíng guānglín。

Welcome.

 记一记 Jì yi jì Learn the new words and expressions.

吃	（动）	chī	to eat
饭	（名）	fàn	dinner, meal
太	（副）	tài	too, very
那	（代）	nà	that
服务员	（名）	fúwùyuán	attendant
欢迎	（动）	huānyíng	to welcome
光临	（动）	guānglín	to be present
位	（量）	wèi	a classifier
两	（数）	liǎng	two
菜单	（名）	càidān	menu
要	（动）	yào	to want, to order
辣	（形）	là	spicy, hot
喝	（动）	hē	to drink
小姐	（名）	xiǎojiě	waitress, miss
买单		mǎi dān	to pay the bill
一共	（副）	yígòng	in all
块	（量）	kuài	（a classifier）
下次		xià cì	next time

觉得	（动）	juéde	to feel, to think
好吃	（形）	hǎochī	delicious
香菇青菜		Xiānggūqīngcài	green vegetable with mushroom
辣子鸡		Làzǐjī	spicy chicken
可乐		kělè	coke

 跟我念 Gēn wǒ niàn Read after me.

huān	huán	huǎn	huàn	huān	欢迎 欢迎
yīng	yíng	yǐng	yìng	yíng	迎 光临 光临
guāng	guáng	guǎng	guàng	guāng	光
līn	lín	lǐn	lìn	lín	临
cāi	cái	cǎi	cài	cài	菜 菜单
dān	dán	dǎn	dàn	dān	单
māi	mái	mǎi	mài	mǎi	买
hāo	háo	hǎo	hào	hǎo	好 好吃
chī	chí	chǐ	chì	chī	吃
xiā	xiá	xiǎ	xià	xià	下 下次
cī	cí	cǐ	cì	cì	次

饭	fàn
吃饭	chī fàn
去吃饭	qù chī fàn
去饭店吃饭	qù fàndiàn chī fàn
今天去饭店吃饭	jīntiān qù fàndiàn chī fàn
今天我们去饭店吃饭。	Jīntiān wǒmen qù fàndiàn chī fàn。
今天大卫请我们去饭店吃饭。	

Jīntiān Dàwèi qǐng wǒmen qù fàndiàn chī fàn。

试一试 Shì yi shì Substitute the underlined parts.

1. <u>爷爷请你</u> 吃饭。

丁凡	小雨	上网；
幸子	大卫	看电影；
大卫	小雨和幸子	喝茶(chá, tea)

2. 我要<u>香菇青菜</u>,再来个<u>辣子鸡</u>。

番茄蛋汤 (fānqiédàntāng, tomato and egg soup)
虾(xiā, shrimp)；

蛋炒饭(dànchǎofàn, egg-fried rice)

豆腐(dòufu, beancurd)

3. 请问,要喝什么?
   <u>可乐</u>。

果汁 (guǒzhī, juice)；

矿泉水 (kuàngquánshuǐ, mineral water)；

啤酒 (píjiǔ, beer)；

牛奶 (niúnǎi, milk)

4. 这儿的<u>菜</u>怎么样?
   很好<u>吃</u>。

这个电影	看；
这本(běn, a classifier)书	看；
这个歌	听；
这件(jiàn, a classifier)衣服(yīfu, clothes)	看

选一选 Xuǎn yi xuǎn Choose the right ones.

是的	好的	太好了

1. A:他是法国人吗？   B:_____。
2. A:晚上大卫请我们去网吧。 B:_____。
3. A:我们打的去，好吗？   B:_____。

 译一译 Yì yi yì Translate the following sentences.

1. 你要果汁还是可乐？
2. 他们请我们吃饭。
3. 我们一起去小雨家吧。
4. 来一个香菇青菜，再来一瓶(píng, bottle)可乐。
5. 你觉得辣子鸡怎么样？

 做一做 Zuò yi zuò

Make sentences with the given words.

1. 还是   2. 请
3. 一共   4. 太

 讲一讲 Jiǎng yi jiǎng Talk on the following topics.

1. 你吃过中国菜吗？都吃过些什么菜？你最喜欢吃什么？

   Have you had Chinese food before? What did you eat?
   What is your favourite?

2. 今天晚上和几个朋友去一家小饭店吃饭，明天上课的
   时候告诉你的老师和同学你们都是怎么点菜的，好吗？

   Suppose you plan to go out to have a dinner with your friends in a
   restaurant tonight. Tell your teacher and classmates tomorrow how to
   order dishes.

读一读 Dú yi dú

Read the following phonetic drills.

jìzhě（记者）

zhèngjiàn（证件）

qīngchūn（青春）

chángqī（长期）

xiǎoshuō（小说）

shāngxīn（伤心）

sīxiǎng（思想）

xiāngsī（相思）

jīshǎochéngduō（积少成多）

xǐchūwàngwài（喜出望外）

jiànzhù（建筑）

zhěngjié（整洁）

qìchē（汽车）

chéngqiáng（城墙）

xiǎngshòu（享受）

shénxiān（神仙）

sòngxíng（送行）

xísú（习俗）

qiānshānwànshuǐ（千山万水）

xīnzhíkǒukuài（心直口快）

古诗欣赏 Gǔshī xīnshǎng

An ancient Chinese poem

《静夜思》 李白 　　《Jìngyèsī》 Lǐ Bái

床前明月光，　　　Chuáng qián míngyuè guāng,

疑是地上霜。　　　Yí shì dìshang shuāng。

举头望明月，　　　Jǔ tóu wàng míngyuè,

低头思故乡。　　　Dī tóu sī gùxiāng。

你知道吗？ Nǐ zhīdào ma? Do you know?

中国菜有很多菜系，如四川菜、广东菜、淮扬菜等，每种菜系都有自己的特点。每一个地方也都有自己独特的风味小吃，常常又好吃又便宜，但很多时候这些小吃你只能在路边的小摊上才能尝到。下课以后不妨问问你所在的城市都有哪些风味小吃，去尝尝看，然后告诉你的朋友你觉得怎么样。

There exist in China different styles of cooking, such as Sichuan cuisine, Guangdong cuisine and Yangzhou cuisine, each having its own characteristics. In addition, there are special foods in different places. Local specialties are both tasty and reasonably cheap, but sometimes are available only at vendor stalls. Ask for information about local specialties of the city you live in, taste them and share your experience with your friends.

第九课 一美元换多少人民币?

Dì-jiǔ kè　　Yì Měiyuán huàn duōshao Rénmínbì?

Lesson Nine　How much Renminbi can one US dollar be exchanged for?

 说一说 Shuō yi shuō Read the dialogues.

大　卫: 小雨,你知道哪儿可以换钱吗?

Dàwèi:　　Xiǎoyǔ, nǐ zhīdào nǎr kěyǐ huàn qián ma?

　　　　　Xiaoyu, do you know where I can change foreign currency?

小　雨: 去中国银行吧,饭店也可以。

Xiǎoyǔ:　Qù Zhōngguó Yínháng ba, fàndiàn yě kěyǐ。

　　　　　You can change it at the Bank of China or at the hotel.

大　卫：你好，我想换钱。一美元换多少人民币？
Dàwèi: Nǐ hǎo, wǒ xiǎng huàn qián。Yì Měiyuán huàn duōshao
Rénmínbì?
Excuse me, I want to change some money. How much
Renminbi can one US dollar be exchanged for?

银行小姐：一美元换八块两毛五。你想换多少美元？
Yínháng xiǎojiě: Yì Měiyuán huàn bā. kuài liǎng máo wǔ。Nǐ xiǎng huàn
duōshao Měiyuán?
Bakuai liangmaowu. How many US dollars are you going
to exchange?

大　卫：100 美元。
Dàwèi: Yì bǎi Měiyuán。
100 US dollars.

银行小姐：护照，谢谢。……
Yínháng xiǎojiě: Hùzhào, xièxie。……
Your passport, please. Thanks. ...

银行小姐：825块。请保存好这张单子，以后也许有用。
Yínháng xiǎojiě: Bābǎi èrshíwǔ kuài。 Qǐng bǎocún hǎo zhè zhāng dānzi。
Yǐhòu yěxǔ yǒuyòng。
Here is 825 yuan. Please keep the receipt, in case you
need it later on.

大　　卫：好的。能不能再给我换一些零钱？
Dàwèi: Hǎo de。 Néng bu néng zài gěi wǒ huàn yìxiē língqián?
Is it possible to have some changes?

银行小姐：可以。要换多少？
Yínháng xiǎojiě: Kěyǐ。 Yào huàn duōshao?
Yes. How much do you want?

大　　卫：换十个一块的硬币。
Dàwèi: Huàn shí ge yí kuài de yìngbì。
Ten one-yuan coins, please.

银行小姐：给您。
Yínháng xiǎojiě: Gěi nín。
Here you are.

大　　卫：谢谢。
Dàwèi: Xièxie。
Thank you.

学一学 Xué yi xué Learn the following sentence patterns.

1. 一美元换多少人民币？

Yì Měiyuán huàn duōshao Rénmínbì?

How much Renminbi can one US dollar be exchanged for?

2. 你想换多少美元？

Nǐ xiǎng huàn duōshao Měiyuán?

How many US dollars are you going to change?

3. 请换十个一块的硬币。

Qǐng huàn shí ge yí kuài de yìngbì.

Please give me ten one-yuan coins.

 记一记 Jì yi jì Learn the new words and expressions.

换	（动）	huàn	to change, to exchange
钱	（名）	qián	money
银行	（名）	yínháng	bank
想	（助动）	xiǎng	to want
多少	（代）	duōshao	how many, how much
毛	（量）	máo	（a classifier）
护照	（名）	hùzhào	passport
保存	（动）	bǎocún	to keep, to preserve
张	（量）	zhāng	（a classifier）
单子	（名）	dānzi	receipt, invoice
也许	（副）	yěxǔ	maybe
有用		yǒu yòng	useful
能	（助动）	néng	can
一些		yìxiē	some
零钱	（名）	língqián	change
硬币	（名）	yìngbì	coin

给	（动）	gěi	to give
中国银行		Zhōngguó Yínháng	Bank of China
美元		Měiyuán	US dollar
人民币		Rénmínbì	Renminbi

跟我念 Gēn wǒ niàn Read after me.

yīn	yín	yǐn	yìn	yín	银 ⎱ 银行
hāng	háng	hǎng	hàng	háng	行 ⎰
huān	huán	huǎn	huàn	huàn	换 ⎱ 换钱
qiān	qián	qiǎn	qiàn	qián	钱 ⎰
bāo	báo	bǎo	bào	bǎo	保 ⎱ 保存
cūn	cún	cǔn	cùn	cún	存 ⎰
hū	hú	hǔ	hù	hù	护 ⎱ 护照
zhāo	zháo	zhǎo	zhào	zhào	照 ⎰

钱	qián
换钱	huàn qián
去银行换钱	qù yínháng huàn qián
去中国银行换钱	qù Zhōngguó Yínháng huàn qián
去中国银行换很多钱	qù Zhōngguó Yínháng huàn hěnduō qián

大卫去中国银行换很多钱。
Dàwèi qù Zhōngguó Yínháng huàn hěnduō qián。

昨天大卫去中国银行换很多钱。
Zuótiān Dàwèi qù Zhōngguó Yínháng huàn hěnduō qián。

单子	dānzi
这张单子	zhè zhāng dānzi
保存这张单子	bǎocún zhè zhāng dānzi
保存好这张单子	bǎocún hǎo zhè zhāng dānzi
请保存好这张单子！	Qǐng bǎocún hǎo zhè zhāng dānzi!

请你保存好这张单子！　　　Qǐng nǐ bǎocún hǎo zhè zhāng dānzi!

 试一试 Shì yi shì Substitute the underlined parts.

1. 一美元换多少人民币？

一英镑（Yīngbàng, pound）人民币；
100 美元　　　　　　　人民币；
一美元　　　　　　　日元（Rìyuán, Japanese Yen）；
100 块钱人民币　　　韩元（Hányuán, Korean money）

2. 你想换多少美元？

人民币；　　　日元；　　　韩元；　　　钱

3. 请换十个一块的硬币。

两张五毛的纸币（zhǐbì, bank note）；
十张十块的；
两张五十的；
三个一块的硬币和四个五毛的硬币

连一连 Lián yi lián

Rearrange the given words into sentences.

1. 多少　换　想　你　美元
2. 请　换　给　十个　我　硬币
3. 都　换钱　可以　银行　饭店　和
4. 好　这　单子　张　保存　请
5. 还是　换　你们　美元　人民币
6. 零钱　一些　你　请　换

念一念,答一答 Niàn yi niàn, dá yi dá
Read the passage and answer the questions.

大卫的日记:

　　今天我去中国银行换钱了。小雨告诉我去换钱的时候要带护照和钱。我换了 100 美元。银行小姐给了我一张兑换水单(duìhuàn shuǐdān, exchange receipt),要我保存好,听说(tīngshuō, hear of)这张单子以后会有用。换钱以后,我想到(xiǎngdào, think of)没有一块钱的硬币坐无人售票车(wúrén shòupiàochē, no-conductor bus),就又(yòu, again, then)换了十个一块的硬币,这次不怕(pà, to worry)了!

问题:

1. 去银行换钱要带什么?
2. 银行小姐给了大卫什么? 有用吗?
3. 大卫一共换了多少零钱?

听一听,填一填 Tīng yi tīng, tián yi tián
Listen to the passage and fill in the blanks.

A:你好! 我要打个投币电话(tóubì diànhuà, coin-box telephone),想换一些硬币。

B:_____?

A:五块钱。

B:一块钱的硬币还是_____?

A:四个一块的,两个_____。

B:_____。

A:谢谢。

魔力汉语

听一听,答一答 Tīng yi tīng, dá yi dá
Listen to the dialogue and answer the questions.

笔记本电脑	bǐjìběn diànnǎo	portable computer
台	tái	a classifier
当心	dāngxīn	to be careful

问题:

1. 大卫去哪儿了? 干什么?

2. 大卫要换多少美元?一美元换 8.25 块,那大卫要换多少人民币?

3. 大卫为什么要换很多钱?

演一演 Yǎn yi yǎn Act on the given situation.

多多要去日本玩儿,就去银行换钱。他一共换了四千块人民币。100 元人民币换 1400 日元, 多多换了 56000 日元。

Duoduo is going to Japan as tourist. He goes to a bank to change some money. He has changed about 4,000 yuan. 100 yuan can be exchanged for 1,400 yen. Duoduo has changed 56,000 yen.

① ②

读一读 Dú yi dú

Read the following phonetic drills.

bǎibù（摆布）	běibù（北部）
bùmǎi（不买）	bùměi（不美）
páichang（排场）	péicháng（赔偿）
láidiàn（来电）	léidiàn（雷电）
nàihé（奈何）	nèihé（内河）
xiǎomài（小麦）	xiǎomèi（小妹）
fēnpài（分派）	fēnpèi（分配）
méimǎi（没买）	hēibái（黑白）

练一练 Liàn yi liàn Read the tongue twister.

方小放，画凤凰，凤凰画在红纸上，
Fāng Xiǎofàng, huà fènghuáng, fènghuáng huàzài hóngzhǐshang,

黄凤凰、花凤凰，越画越像活凤凰。
Huáng fènghuáng、huā fènghuáng, yuè huà yuè xiàng huó fènghuáng.

你知道吗? Nǐ zhīdào ma? Do you know?

人民币的单位有"元/角/分"。1 元=10 角=100 分。现在,"分"已经很少使用了。人民币面值有:

纸币:100 元　50 元　20 元　10 元　5 元　2 元 1 元
　　5 角　　2 角　　1 角
硬币:1 元　　5 角　　1 角

在汉语口语里,一般不说"元",而用"块"、"角"和"毛"来替换使用,有时候也可以省略。因此,1 元读作:一块。10.5 元读做:十块五毛,十块五角或十块五都可以。

下面就请你试试吧:
10 元　　14 元　　15.8 元　　90 元　　109.5 元

The monetary units of Renminbi are *yuan*, *jiao* and *fen*. One *yuan* equals to 10 *jiao* or 100 *fen*. Nowadays, *fen* is seldom used. The denominations of Renminbi are:

Banknotes:100 *yuan*　50 *yuan*　10 *yuan*　5 *yuan*　2 *yuan*　1 *yuan*
　　5 *jiao*　2 *jiao*　1 *jiao*
Coins:　1 *yuan*　5 *jiao*　1 *jiao*

In spoken Chinese, kuài and máo are often used instead of yuán and jiǎo, and jiǎo or máo is sometimes simply left out. Thus, 1 yuán can be read as 1 kuài, and 10.5 yuán can be read as shí kuài wǔ máo, shí kuài wǔ jiǎo or simply shí kuài wǔ. Now try to say:
10 元　　14 元　　15.8 元　　90 元　　109.5 元

第十课 这条裙子多少钱?

Dì-shí kè   Zhè tiáo qúnzi duōshao qián?

Lesson Ten   How much is this skirt?

 说一说 Shuō yi shuō Read the Dialogues.

辛 子: 小雨,下午我们去逛街吧！我想买一条裙子。

Xìngzǐ:　Xiǎoyǔ, xiàwǔ wǒmen qù guàng jiē ba! Wǒ xiǎng mǎi yì tiáo qúnzi.

　　　　Xiaoyu, let's go window shopping this afternoon. I want to buy

　　　　a skirt.

小 雨: 好啊,听说很多店都打折了。

Xiǎoyǔ:　Hǎo' a, tīngshuō hěnduō diàn dōu dǎ zhé le.

　　　　Ok. It is said that many stores sell at a discount.

售货员： 小姐，想买什么？
Shòuhuòyuán： Xiǎojiě, xiǎng mǎi shénme?
Miss, can I help you?

幸　子： 我们随便看看。
Xìngzǐ： Wǒmen suíbiàn kànkan。
We are just looking around.

小　雨： 幸子，这条裙子很漂亮，你试试。
Xiǎoyǔ： Xìngzǐ, zhè tiáo qúnzi hěn piàoliang, nǐ shìshi。
Xingzi, this skirt is beautiful. Try it on.

幸　子： 真的！我很喜欢。……小姐，这条裙子多少钱？
Xìngzǐ： Zhēn de! Wǒ hěn xǐhuan。……Xiǎojiě, zhè tiáo qúnzi duōshao qián?
Really! I like it very much. ...Miss, how much is this skirt?

售货员： 180 块。
Shòuhuòyuán： Yìbǎi bāshí kuài。
180 yuan.

小　雨： 能不能便宜一点儿，打个折？
Xiǎoyǔ： Néng bu néng piányi yìdiǎnr, dǎ ge zhé?
Could you make it cheaper? Is there any discount?

售货员： 现在打八折，144 块。
Shòuhuòyuán： Xiànzài dǎ bā zhé, yìbǎi sìshísì kuài。
20% discount now, 144 yuan.

辛　子： 这是 150 块。
Xìngzǐ： Zhè shì yìbǎi wǔshí kuài。
Here is 150 yuan.

售货员： 给您 6 块。谢谢光临，欢迎下次再来。
Shòuhuòyuán： Gěi nín liù kuài。 Xièxie guānglín, huānyíng xiàcì zài lái。
Here is 6 yuan for changes. Thanks for coming. Come again.

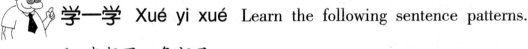 学一学 Xué yi xué Learn the following sentence patterns.

1. 我想买一条裙子。
Wǒ xiǎng mǎi yī tiáo qúnzi。
I want to buy a skirt.

2. 听说很多店都打折了。
Tīngshuō hěnduō diàn dōu dǎ zhé le。
It is said that many stores sell at a discount.

3. 我们随便看看。
Wǒmen suíbiàn kànkan。
We are just looking around.

4. 这条裙子多少钱？
Zhè tiáo qúnzi duōshao qián?
How much is this skirt?

5. 能不能便宜一点儿，打个折？
Néng bu néng piányi yìdiǎnr, dǎ ge zhé?
Could you make it cheaper? Is there any discount?

6. 谢谢光临，欢迎下次再来。

Xièxie guānglín, huānyíng xiàcì zài lái。

Thanks for coming. Come again.

记一记 Jì yi jì Learn the new words and expressions.

逛	（动）	guàng	to stroll, to ramble
街	（名）	jiē	street
买	（动）	mǎi	to buy
条	（量）	tiáo	（a classifier）
裙子	（名）	qúnzi	skirt
店	（名）	diàn	shop, store
打折		dǎ zhé	sell at a discount
随便	（形）	suíbiàn	random
漂亮	（形）	piàoliang	beautiful
试	（动）	shì	to try on
真的	（副）	zhēn de	really
便宜	（形）	piányi	cheap
一点儿		yìdiǎnr	a little

跟我念 Gēn wǒ niàn Read after me.

tīng	tíng	tǐng	tìng	tīng	听	听说
shuō	shuó	shuǒ	shuò	shuō	说	
dā	dá	dǎ	dà	dǎ	打	打折
zhē	zhé	zhě	zhè	zhé	折	
suī	suí	suǐ	suì	suí	随	随便
biān	bián	biǎn	biàn	biàn	便	
piāo	piáo	piǎo	piào	piào	漂	漂亮
liāng	liáng	liǎng	liàng	liang	亮	
piān	pián	piǎn	piàn	pián	便	便宜
yī	yí	yǐ	yì	yi	宜	

街	jiē
逛街	guàng jiē
去逛街	qù guàng jiē
下午去逛街	xiàwǔ qù guàng jiē
我们下午去逛街。	Wǒmen xiàwǔ qù guàng jiē。
我们下午去逛街吧。	Wǒmen xiàwǔ qù guàng jiē ba。
我们下午去逛街，好吗？	Wǒmen xiàwǔ qù guàng jiē, hǎo ma?

打折	dǎ zhé
打个折	dǎ ge zhé
打个五折	dǎ ge wǔ zhé
给我们打个五折	gěi wǒmen dǎ ge wǔ zhé
请你给我们打个五折。	Qǐng nǐ gěi wǒmen dǎ ge wǔ zhé。
请你给我们打个五折吧。	Qǐng nǐ gěi wǒmen dǎ ge wǔ zhé ba。
请你给我们打个五折，行吗？	Qǐng nǐ gěi wǒmen dǎ ge wǔ zhé, xíng ma?

 试一试 Shì yi shì Substitute the underlined parts.

1. 我想买一条裙子。

> 一条裤子（kùzi, pants）；
> 一本词典（cídiǎn, dictionary）；
> 一瓶可乐

2. 这条裙子很漂亮。

这个电影	有趣（yǒuqù, interesting）；
这张 CD	好听；
小雨的家	大；
今天天气	热

3. <u>这条裙子</u>多少钱？

> 那张 VCD；   一两饺子；
> 一斤（jīn, a classifier）苹果（píngguǒ, apple）；
> 上网一小时

4. 现在打<u>八折</u>。

> 九折
> 对折（duì zhé, at 50% discount）； 七五折

 连一连 Lián yi lián

Rearrange the given words into sentences.

1. 这   很   裙子   条   漂亮
2. 超市（chāoshì, supermarket）   打折   明天   听说
3. 两斤   一共   苹果   钱   多少
4. 随便   看看   我们
5. 去   买   他们   东西
   商店（shāngdiàn, shop, market）

 问一问 Wèn yi wèn

Ask questions about the underlined parts.

1. 我想买<u>一瓶矿泉水</u>。   问：你想买什么？
2. 这个手机<u>1785</u>块。
3. 这件衣服打<u>六折</u>。
4. 这本书<u>很好看</u>。

译一译 Yì yi yì Translate the following sentences.

1. 今天晚上我们想去逛街。
2. 这条裙子多少钱？
3. —你觉得这个菜怎么样？
   —很好吃。
4. 现在打五折。

念一念,答一答 Niàn yi niàn, dá yi dá
Read the dialogue and answer the questions.

A：您要什么？
B：有苹果吗？
A：有。要多少？
B：我要两斤,多少钱一斤？
A：1 块 5。
B：便宜一点儿吧。1 块 2,怎么样？
A：不行。这苹果多好啊,1 块 3 吧。
B：好吧,就 1 块 3。

问题：
　　B 一共买了多少苹果？花了多少钱？

演一演 Yǎn yi yǎn Act on the given situation.

　　到超市里看看你们需要的一些商品的价格，然后在课上表演买东西。要注意还价哦！

　　Go to the supermarket and remember prices of some goods. Then perform doing shopping in the class. Don't forget bargaining!

读一读 Dú yi dú

Read the following phonetic drills.

kùzi（裤子）　　háizi（孩子）　　zhuōzi（桌子）

yǐzi（椅子）　　　àiren（爱人）　　péngyou（朋友）

suìshu（岁数）　　dàifu（大夫）　　ěrduo（耳朵）

shuōshuo（说说）　shìshi（试试）　　chángchang（尝尝）

míngbai（明白）　　kèqi（客气）　　lǎoshi（老实）

hǎo ma（好吗）　　gāoxìng ma（高兴吗）　róngyi（容易）

xuéxi xuéxi（学习学习）

你知道吗? Nǐ zhīdào ma? Do you know?

　　走进商店，英美国家的售货员会说"Can I help you?""What can I do for you?"，中国的售货员则说"您要买什么？""您要点儿什么？""您要来点儿什么？"

In western countries, shop assistances receive customers by saying "Can I help you?" or "What can I do for you?", while their Chinese counterparts will say "What do you want to buy?" or "What do you need?"

第十一课　师傅,我想理发。

Dì-shíyī kè　　　Shīfu, wǒ xiǎng lǐfà

Lesson Eleven　　Master, I want to have my hair cut.

 说一说 Shuō yi shuō Read the dialogues.

辛 子：师傅,我想理发。

Xìngzǐ；　Shīfu, wǒ xiǎng lǐfà。

Master, I want to have my hair cut.

师 傅：短的还是长的?

Shīfu：　Duǎnde háishi chángde?

Long or short?

辛 子：只修一修,不要剪短。

Xìngzǐ：　Zhǐ xiū yi xiū, bú yào jiǎnduǎn。

Just have a trim. Don't cut it too short, please.

师 傅：没问题。

Shīfu：　Méi wèntí。

All right.

丁　凡：　师傅，我想理发。
Dīng Fán：　Shīfu, wǒ xiǎng lǐfà。
　　　　　Master, I want to have my hair cut.

师　傅：　想剪什么样儿的？
Shīfu：　Xiǎng jiǎn shénme yàngr de?
　　　　　Which style do you want to have your hair done?

丁　凡：　夏天到了，我想剪短一点儿。
Dīng Fán：　Xiàtiān dào le, wǒ xiǎng jiǎn duǎn yìdiǎnr。
　　　　　It's summer now, I want to have it cut short.

师　傅：　好。
Shīfu：　Hǎo。
　　　　　OK.

丁　凡：　多少钱？
Dīng Fán：　Duōshao qián?
　　　　　How much?

师　傅：　八块五。
Shīfu：　Bā kuài wǔ。
　　　　　8.5 yuan.

大 卫： 师傅，我要理发。

Dàwèi: Shīfu, wǒ yào lǐfà.

Master, I want to have my hair cut.

师 傅： 想剪什么发型？

Shīfu: Xiǎng jiǎn shénme fàxíng?

Which hair style do you want to have your hair done?

大 卫： 就剪这样儿的。

Dàwèi: Jiù jiǎn zhè yàngr de.

Just this style.

师 傅： 这个发型很前卫，今年最流行。

Shīfu: Zhè ge fàxíng hěn qiánwèi, jīnnián zuì liúxíng.

This style is cool and popular this year.

 学一学 Xué yi xué Learn the following sentence patterns.

1. 师傅，我想理发。

Shīfu, wǒ xiǎng lǐfà.

Master, I want to have my hair cut.

2. 想剪什么样儿的？

Xiǎng jiǎn shénme yàngr de?

Which style do you want to have your hair done?

93

3. 想剪什么发型？

Xiǎng jiǎn shénme fàxíng?

Which style do you want to have your hair cut?

4. 这个发型很前卫，今年最流行。

Zhè ge fàxíng hěn qiánwèi, jīnnián zuì liúxíng。

This style is cool and popular this year.

 记一记 Jì yi jì Learn the new words and expressions.

师傅	（名）	shīfu	Master
理发		lǐfà	to have one's hair cut
短	（形）	duǎn	short
只	（副）	zhǐ	just, only
修	（动）	xiū	to trim
剪	（动）	jiǎn	to cut
没问题。		Méi wèntí.	No problem. All right.
样儿	（名）	yàngr	style
夏天	（名）	xiàtiān	summer
发型	（名）	fàxíng	hair-style
前卫	（形）	qiánwèi	cool
流行	（形）	liúxíng	popular

跟我念 Gēn wǒ niàn Read after me.

shī	shí	shǐ	shì	shī	师 }师傅
fū	fú	fǔ	fù	fu	傅
mēi	méi	měi	mèi	méi	没
wēn	wén	wěn	wèn	wèn	问 }没问题
tī	tí	tǐ	tì	tí	题
lī	lí	lǐ	lì	lǐ	理 }理发
fā	fá	fǎ	fà	fà	发
xīng	xíng	xǐng	xìng	xíng	型 }发型
liū	liú	liǔ	liù	liú	流 }流行
xīng	xíng	xǐng	xìng	xíng	行

理发　　　　　　　　　　lǐfà

理个发　　　　　　　　　lǐ ge fà

理个发要八块钱　　　　　lǐ ge fà yào bā kuài qián

给我理个发要八块钱　　　gěi wǒ lǐ ge fà yào bā kuài qián

你给我理个发要八块钱。　Nǐ gěi wǒ lǐ ge fà yào bākuài qián。

试一试 Shì yi shì Substitute the underlined parts.

1. 你想剪什么样儿的？
   我想<u>剪短一点儿</u>。

   > 修一修；　　烫（tàng, wave）头发（tóufa, hair）；
   > 染（rǎn, dye）发；　剪平头（píngtóu, crop hair）

2. 你想剪什么发型？
   就剪<u>这样儿的</u>。

   > 板寸（bǎncùn, crop hair）；
   > 光头（guāngtóu, bare headed）；　　他那样儿的

3. 这个发型很<u>前卫</u>。

清爽（qīngshuǎng, fresh）；	酷（kù, cool）；
奇怪（qíguài, queer）；	适合（shìhé, fit）你

 连一连 Lián yi lián

Rearrange the given words into sentences.

1. 什么　　想　　剪　　你　　样儿　　的
2. 怎么样　　发型　　的　　幸子
3. 不要　　剪　　我　　短
4. 最　　今年　　这种　　发型　　流行
5. 要　　剪　　五块钱　　头发

 译一译 Yì yi yì Translate the following sentences.

1. 我想剪一个大卫那样儿的前卫的发型。
2. 剪平头多少钱？
3. 你想剪头发还是染发？

 念一念,连一连 Niàn yi niàn, lián yi lián

Read the passage and do the exercise.

小雨的日记：

　　这个星期,朋友们都去理发了。丁凡怕热,把头发剪得很短。大卫很前卫,剪了一个最流行的发型。幸子喜欢长发,所以（suǒyǐ, so）只是修了修。我也想去理发了。夏天到了,剪个短发吧！

丁凡	长发
幸子	前卫的发型
大卫	短发

答一答 Dá yi dá Answer the questions.

1. 最近你理发了吗？
2. 你理了一个什么样的发型？
3. 要多少钱？
4. 下次你想理什么样儿的？
5. 你喜欢你现在的发型吗？
6. 你觉得谁的发型最好看？

 聊一聊 Liáo yi liáo Chat on the following topic.

你最喜欢的发型。　　What kind of hair style do you like best?

 读一读 Dú yi dú

Read the following phonetic drills.

xīngqī（星期）	Xī'ān（西安）	qīngnián（青年）
kāihuái（开怀）	yīnxiǎng（音响）	shānyǔ（山雨）
hēiyè（黑夜）	xīwàng（希望）	fángjiān（房间）
nánfēng（南风）	yínháng（银行）	yóujú（邮局）
niúnǎi（牛奶）	cídiǎn（词典）	tóngyì（同意）
xíngdòng（行动）	xiǎngjiā（想家）	Běijīng（北京）
yǔyán（语言）	guǒrán（果然）	yǔsǎn（雨伞）
xiǎomǎ（小马）	shǐyòng（使用）	bǐsài（比赛）
dàjiā（大家）	diàndēng（电灯）	qìyóu（汽油）
shìshí（事实）	tiàowǔ（跳舞）	diànyǐng（电影）
zàijiàn（再见）	huìhuà（会话）	

练一练 Liàn yí liàn Read the tongue twister.

堂堂端糖汤，	Tángtang duān táng tāng,
要去塘上堂，	Yào qù táng shàng táng,
汤烫糖又淌，	Tāng tàng táng yòu tǎng,
汤淌糖又烫，	Tāng tǎng táng yòu tàng,
堂堂躺堂上。	Tángtang tǎng táng shang。

 你知道吗? Nǐ zhīdào ma? Do you know?

现在中国一些比较好的理发店的广告常常这样写着："洗剪吹，××元"。这里是指一系列的服务：洗，就是洗头发，而且更多的是指干洗头发。剪，自然就是剪头发，不包括烫发、染发等等。而吹，就是把头发吹干，吹出一定的造型。有时，这个"洗剪吹"里还包括干洗头发时对你的头部和肩颈部等身体部位的按摩。这个可以根据客户的需要来进行。

In bills of some fashionable barber shops in China, one can often see something like "Wash, Cut and Blow-dry for ____ yuan", which refers to a series of services including hair-wash, mostly dry wash, hair-cut and style hair-dry. It does not include hair-waving or hair-dying. Sometimes, the services also include massage of the head and the shoulders, depending on requirements on part of the customer.

第十二课　你哪儿不舒服？

Dì-shí'èr kè　　Nǐ　nǎr　bù　shūfu?

Lesson Twelve　What's wrong with you?

 说一说 Shuō yi shuō Read the Dialogues.

小　雨：嗨，幸子，你怎么了？脸色很不好。

Xiǎoyǔ:　Hāi, Xìngzǐ, nǐ zěnme le? Liǎnsè hěn bù hǎo.

　　　　Hi, Xingzi, what's wrong with you? You don't look well.

幸　子：大概感冒了。下午我要去看医生。

Xìngzǐ:　Dàgài gǎnmào le。 Xiàwǔ wǒ yào qù kàn yīshēng。

　　　　Maybe I have got a cold. I will go to see a doctor this afternoon.

医　生：你哪儿不舒服？
Yīshēng：　Nǐ nǎr bù shūfu?
What is the trouble?

幸　子：我大概感冒了。头痛、咳嗽，还拉肚子。
Xìngzǐ：　Wǒ dàgài gǎnmào le。Tóu tòng、késou, hái lā dùzi。
Maybe I have got a cold. I have got a headache, a cough and a diarrhoea.

医　生：你发烧吗？量一量体温吧。
Yīshēng：　Nǐ fā shāo ma? Liáng yi liáng tǐwēn ba。
Do you have a fever? Let me take your temperature.

医　生：37 度半。有一点儿发烧。打两针，吃点儿药，就会好的。

Yīshēng： sānshíqī dù bàn。 Yǒu yìdiǎnr fā shāo。 Dǎ liǎng zhēn, chī diǎnr yào, jiù huì hǎo de。

37.5℃. You have a slight fever. Have two injections and take some medicine, and you will be fine.

幸　子：医生，能不能只吃药，不打针？

Xìngzǐ： Yīshēng, néng bu néng zhǐ chī yào, bù dǎ zhēn?

Doctor, is it possible for me to take medicine only without having injections?

医　生：好吧。一定要吃药。多喝水，多休息。

Yīshēng： Hǎo ba。 Yídìng yào chī yào, Duō hē shuǐ, duō xiūxi。

Ok. You should take the medicine, drink much water, and have a rest.

幸　子：谢谢，医生。

Xìngzǐ： Xièxie, yīshēng。

Thank you, doctor.

医　生：不用谢。

Yīshēng： Bú yòng xiè。

You are welcome.

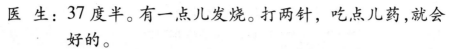

学一学 Xué yi xué

Learn the following sentence patterns.

1. 你怎么了？

Nǐ zěnme le?

What's wrong with you?

2. 你哪儿不舒服？

Nǐ nǎr bù shūfu?

What is the trouble?

3. 我大概感冒了。

Wǒ dàgài gǎnmào le。

Maybe I have got a cold.

4. 打两针,吃点儿药,就会好的。

Dǎ liǎng zhēn, chī diǎnr yào, jiù huì hǎo de。

Have two injections and take some medicine, and you will be fine.

 记一记 Jì yi jì Learn the new words and expressions.

脸色	（名）	liǎnsè	complexion
大概	（副）	dàgài	maybe
感冒	（动）	gǎnmào	to have a cold
医生	（名）	yīshēng	doctor
舒服	（形）	shūfu	be well, comfortable
头	（名）	tóu	head
痛	（动）	tòng	to ache
咳嗽	（动）	késou	to cough
还	（副）	hái	also, still
拉肚子		lā dùzi	to have a diarrhoea
发烧		fā shāo	to have a fever
量	（动）	liáng	to measure
体温	（名）	tǐwén	body temperature
打针		dǎ zhēn	to give an injection
药	（名）	yào	medicine
会	（助动）	huì	to be likely to
一定	（副）	yídìng	definitely
水	（名）	shuǐ	water
休息	（动）	xiūxi	to rest

 跟我念 Gēn wǒ niàn Read after me.

liàn	lián	liǎn	liàn	liǎn	脸	脸色
sē	sé	sě	sè	sè	色	

gān	gán	gǎn	gàn	gǎn	感冒 } 感冒
māo	máo	mǎo	mào	mào	
kē	ké	kě	kè	ké	咳嗽 } 咳嗽
sōu	sóu	sǒu	sòu	sou	
fā	fá	fǎ	fà	fā	发烧 } 发烧
shāo	sháo	shǎo	shào	shāo	
tī	tí	tǐ	tì	tǐ	体温 } 体温
wēn	wén	wěn	wèn	wēn	
xiū	xiú	xiǔ	xiù	xiū	休息 } 休息
xī	xí	xǐ	xì	xi	

医生	yīshēng
看医生	kàn yīshēng
看看医生	kànkan yīshēng
去看看医生	qù kànkan yīshēng
要去看看医生	yào qù kànkan yīshēng
大概要去看看医生	dàgài yào qù kànkan yīshēng
你大概要去看看医生。	Nǐ dàgài yào qù kànkan yīshēng.

试一试 Shì yi shì Substitute the underlined parts.

1. —你哪儿不舒服？
   —我感冒了。

> 胃 (wèi, stomache) 痛；手 (shǒu, hand) 破 (pò, cut) 了；
> 拉肚子了；　　脚 (jiǎo, foot) 扭 (niǔ, to sprain) 了；
> 牙 (yá, tooth) 痛

2. <u>你</u>怎么了？
   大概<u>感冒</u>了。

大卫	着凉 (zháo liáng, to have a cold)；
你的车	坏 (huài, broken)；
丁凡的电脑	有病毒 (bìngdú, virus)

 连一连 Lián yi lián

Rearrange the given words into sentences.

1. 很　　　幸子　　　脸色　　　好　　　不
2. 大概　　　了　　　我　　　感冒
3. 一点儿　　　今天　　　发烧　　　她　　　有
4. 量一量　　　给　　　体温　　　你　　　吧
5. 一定　　　多　　　你　　　要　　　水　　　喝

 译一译 Yì yi yì Translate the following sentences.

1. 你怎么了？
2. 我感冒了。
3. 大卫要去看医生。
4. 吃一点儿药，多喝水，多休息。

 念一念，答一答 Niàn yi niàn, dá yi dá

Read the passage and answer the questions.

幸子的日记：

　　昨天天很冷，我感冒了，很不舒服。今天下午小雨陪 (péi, accompany) 我去看医生。医生给我量了体温以后，要给我打针、吃药。但是 (dànshì, but) 我怕打针。医生很好，就只要我吃药，一天三次 (cì, time)，一次两片 (piàn, pill)。还要我多

喝水, 多休息。我一定听医生的话 (huà, words), 希望 (xīwàng, to hope) 身体 (shēntǐ, health) 能早 (zǎo, early) 一点儿好。

问题:

1. 幸子为什么不舒服?
2. 幸子想打针还是吃药?
3. 幸子一天要吃多少片药?

 聊一聊 Liáo yi liáo Chat on the following topic.

幸子感冒了, 在家休息。小雨告诉了大卫和丁凡这个消息, 他们下课以后一起去看幸子。小雨怎样告诉大卫和丁凡的, 还有他们看幸子的时候都怎么说, 你知道吗?

Xingzi has a cold and stays in the room. Xiaoyu tells David and Ding Fan about it. They will visit Xingzi after class. Do you know what Xiaoyu says to David and Ding Fan, and what they say to Xingzi when they visit her?

 演一演 Yǎn yi yǎn Act on the given situation.

相信每一个人都看过病, 试试当医生和病人的感觉吧!

Act as a doctor and a patient.

 读一读 Dú yi dú Read the following phonetic drills.

běifāng (北方)　　　　　shǒuxiān (首先)

nǐ tīng wǒ shuō (你听我说)　lǚxíng (旅行)

qǐchuáng (起床)　　　　　liǎng hé huǒchái (两盒火柴)

gǔdiǎn (古典)　　　　　yǒngyuǎn (永远)

qǐyǒucǐlǐ (岂有此理)　　　gǔdài (古代)

měilì（美丽）   bǎozhèng mǎnyì（保证满意）

zǎoshang（早上）   xiǎngxiang（想想）

yǐzi（椅子）   jiějie（姐姐）

 练一练 Liàn yí liàn Read the tongue twister.

东西胡同南北走，	Dōng xī hútòng nán běi zǒu,
遇到一个人咬狗，	Yùdào yí ge rén yǎo gǒu,
伸手拾狗砸石头，	Shēn shǒu shí gǒu zá shítou,
又被石头咬一口，	Yòu bèi shítou yǎo yì kǒu,
从来不说颠倒话，	Cónglái bù shuō diāndǎo huà,
布袋驮着驴子走。	Bùdài tuózhe lǘzi zǒu。

 你知道吗？ Nǐ zhīdào ma? Do you know?

当你走在路上的时候，看过这个标志吗？绿色的是药房的标志，如果你只是生了很小的病，可以直接去药房买药，而不需要去医院看病。红色的是医院的标志，如果是比较严重的病，就一定要去医院了。

Have you ever noticed the cross symbol somewhere? The green one is the symbol of a pharmacy, where you can get medicine for a slight illness without seeing a doctor first. For a more acute disease, however, it is advisable to go to hospital which has a red cross as its symbol.

第十三课　买两张去上海的火车票。

Dì-shísān kè　　　Mǎi liǎng zhāng qù Shànghǎi de huǒchē piào

Lesson Thirteen　I'd like to buy two train tickets for Shanghai.

 说一说　Shuō yi shuō　Read the dialogues.

丁　凡：幸子，下星期就是"五一"长假了。你想去哪儿
　　　　玩儿？

Dīng Fán：Xìngzǐ, xià xīngqī jiù shì "Wǔyī" cháng jià le. Nǐ xiǎng qù nǎr wánr?

　　　　　Xingzi, it will be the May Day long holiday next week. Where are you going?

幸　子：我和大卫想去上海。

Xìngzǐ：Wǒ hé Dàwèi xiǎng qù Shànghǎi。

　　　　David and I will go to Shanghai.

丁　凡：你们坐飞机还是坐火车？

Dīng Fán：Nǐmen zuò fēijī háishi zuò huǒchē?

　　　　　Are you going there by plane or by train?

幸　子：坐火车。

Xìngzǐ：Zuò huǒchē。

　　　　By train.

丁　凡： 买票了吗？"五一"的时候票很紧张。
Dīng Fán： Mǎi piào le ma? "Wǔyī" de shíhou piào hěn jǐnzhāng。
Have you bought the tickets? Tickets are in short supply on May Day.

幸　子： 还没有。今天下午去火车站买票。
Xìngzǐ： Hái méiyou. Jīntiān xiàwǔ qù huǒchē zhàn mǎi piào。
Not yet. We are going to the railway station to buy tickets this afternoon.

大　卫： 买两张去上海的火车票。
Dàwèi： Mǎi liǎng zhāng qù Shànghǎi de huǒchē piào。
Two tickets for Shanghai.

售票员： 什么时候？
Shòupiàoyuán： Shénme shíhou?
What time?

大　卫： 4月30号晚上。
Dàwèi： Sì yuè sānshí hào wǎnshang。
On the evening of April 30th.

售票员： T21次，十八点开。
Shòupiàoyuán： T èrshíyī cì, shíbā diǎn kāi。
No. T21, departing at 18:00.

大　卫： 多少钱？
Dàwèi： Duōshao qián?
How much are they?

售票员： 两张一共六百三十四块。
Shòupiàoyuán： Liǎng zhāng yígòng liùbǎi sānshísì kuài。
634 yuan in all for two tickets.

大　卫：幸子，去上海的火车票买到了。

Dàwèi：　　Xìngzǐ, qù Shànghǎi de huǒchē piào mǎi dào le。

　　　　　Xingzi, we have got the tickets for Shanghai.

幸　子：有卧铺吗？

Xìngzǐ：　　Yǒu wòpù ma?

　　　　　Are they sleeping berth tickets?

大　卫：有。你看，7 号车厢 13 号中铺、14 号中铺。

Dàwèi：　　Yǒu. Nǐ kàn, qī hào chēxiāng shísān hào zhōngpù、shísì hào zhōngpù。

　　　　　Yes. Look, middle berths of No.13 and No.14, Car 7.

幸　子：太好了。

Xìngzǐ：　　Tài hǎo le。

　　　　　That's great.

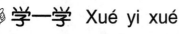 ## 学一学 Xué yi xué

Learn the following sentence patterns.

1. 下星期就是"五一"长假了。

　　Xià xīngqī jiù shì "Wǔyī" cháng jià le.

　　It will be the May Day long holiday next week.

2. 你们坐飞机还是坐火车？

　　Nǐmen zuò fēijī háishi zuò huǒchē?

　　Are you going there by plane or by train?

3. 我今天下午去火车站买票。

Wǒ jīntiān xiàwǔ qù huǒchēzhàn mǎi piào.

I'm going to the railway station to buy tickets this afternoon.

4. 我想买两张去上海的火车票。

Wǒ xiǎng mǎi liǎng zhāng qù Shànghǎi de huǒchē piào.

I'd like to buy two train tickets for Shanghai.

5. 4月30号晚上T21次，十八点开。

Sì yuè sānshí hào wǎnshang T èrshíyī cì, shíbā diǎn kāi.

It is No. T21, departing at 18:00 on April 30th.

 记一记 Jì yi jì

Learn the new words and phrase expressions.

票	（名）	piào	ticket
飞机	（名）	fēijī	airplane
火车	（名）	huǒchē	train
紧张	（形）	jǐnzhāng	in short supply
站	（名）	zhàn	station, stop
售票员	（名）	shòupiàoyuán	ticket clerk
次	（量）	cì	（a classifier）
开	（动）	kāi	to depart
车厢	（名）	chēxiāng	car
卧铺	（名）	wòpù	sleeping berth
中铺	（名）	zhōngpù	middle berth

跟我念 Gēn wǒ niàn Read after me.

fāng	fáng	fǎng	fàng	fàng	放假 } 放假
jiā	jiá	jiǎ	jià	jià	
huō	huó	huǒ	huò	huǒ	火车 } 火车
chē	ché	chě	chè	chē	
fēi	féi	fěi	fèi	fēi	飞机票 } 飞机票
jī	jí	jǐ	jì	jī	
piāo	piáo	piǎo	piào	piào	
jīn	jín	jǐn	jìn	jǐn	紧张 } 紧张
zhāng	zháng	zhǎng	zhàng	zhāng	
wō	wó	wǒ	wò	wò	卧铺 } 卧铺
pū	pú	pǔ	pù	pù	

票
piào

火车票
huǒchē piào

有卧铺的火车票
yǒu wòpù de huǒchē piào

去上海的有卧铺的火车票
qù Shànghǎi de yǒu wòpù de huǒchē piào

一张去上海的有卧铺的火车票
yì zhāng qù Shànghǎi de yǒu wòpù de huǒchē piào

一张五月一号去上海的有卧铺的火车票
yì zhāng wǔ yuè yī hào qù Shànghǎi de yǒu wòpù de huǒchē piào

买一张五月一号去上海的有卧铺的火车票
mǎi yì zhāng wǔ yuè yī hào qù Shànghǎi de yǒu wòpù de huǒchē piào

她想买一张五月一号去上海的有卧铺的火车票。
Tā xiǎng mǎi yì zhāng wǔ yuè yī hào qù Shànghǎi de yǒu wòpù de huǒchē piào。

票   piào

飞机票   fēijī piào

去北京的飞机票   qù Běijīng de fēijī piào

两张去北京的飞机票   liǎng zhāng qù Běijīng de fēijī piào

买到两张去北京的飞机票

mǎi dào liǎng zhāng qù Běijīng de fēijī piào

大卫买到两张去北京的飞机票。

Dàwèi mǎi dào liǎng zhāng qù Běijīng de fēijī piào。

 试一试 Shì yi shì   Substitute the underlined parts.

1. <u>下星期</u>就是"五一"长假了。

两天以后	"十一"黄金周（huángjīn zhōu,
	Golden Week）；
明天	元旦（Yuándàn, New Year's Day）；
过（guò, after）几天	春节（Chūnjié, the Spring Festival）；
后天	情人节（Qíngrén jié, St.Valentine's Day）

2. 你们<u>坐飞机</u>还是<u>坐火车</u>？

坐汽车（qìchē, car）	坐火车；
坐公共汽车（gōnggòng qìchē, bus）	打的；
坐飞机	坐船（chuán, ship）

3. 我想买两张去<u>上海</u>的<u>火车</u>票。

纽约（Niǔyuē, New York）	飞机；
大阪（Dàbǎn, Osaka）	船；
天津（Tiānjīn, Tianjin）	汽车

填一填 Tián yi tián

Complete the following dialogue.

A：我想买两张去上海的汽车票。
B：＿＿＿＿＿？
A：今天下午。
B：两点半的，可以吗？
A：可以。＿＿＿＿＿？
B：二十八块一张。一共＿＿＿＿＿。

连一连 Lián yi lián

Rearrange the given words into sentences.

1. 还是　　坐飞机　　坐火车　　你们
2. 很　　票　　紧张　　现在
3. 没　　她　　裙子　　昨天　买　到
4. T86次　　十八点　　火车　　开
5. "五一"　　哪儿　　你们　　玩儿　去　想

念一念,答一答 Niàn yi niàn, dá yi dá

Read the passage and answer the questions.

幸子的日记：

　　"五一"长假到了。我和大卫要去上海玩儿。"五一"的时候很多人都出去旅游，票很紧张，所以我们提前(tíqián, ahead of time)了一个星期去买票。大卫买了4月30号晚上的票，第(dì, used before a numeral)二天早上就能到上海，我们要坐十四个小时的火车。啊,真(zhēn, really)想明天就是"五一"!

问题：

1. 谁要去上海玩儿？

2. 他们什么时候去上海？怎么去？

3. 他们今天就要走了吗？

 译一译 Yì yi yì Translate the following sentences.

下星期一暑假就开始了。我们想去天津玩儿。火车票便宜，所以我们坐火车去。我们提前四天买了票。火车早上七点开，九点到天津。

 看一看，说一说 Kàn yi kàn, shuō yi shuō
Look at the tickets and pictures and talk about them.

1. 看下面一张火车票和一张汽车票，说出车次、发车地点和到达地点、发车时间、座位和票价。

Look at the train ticket and bus ticket below. Tell their numbers, departure time, arrival time, starting places, destinations, seat numbers and fares.

114

座位	(zuò wèi)	seat
成都	(Chéng dū)	Cheng du
重庆	(Chóng qìng)	Chong qing

2. 看图说话

    西安　"十一"长假　坐飞机　乘火车　太贵了

    晚上　大概　　　十几个小时

①

②

③

多多"十一"长假想去西安。 _____

 ## 听一听,写一写(标出正确的调号)
Tīng yi tīng, xiě yi xiě Dictate the following tones.

anshi, anshi, anshi, anshi:	安适,暗示,按时,安世
baoyu, baoyu, baoyu, baoyu:	宝玉,暴雨,鲍鱼,褒誉
bianjie, bianjie, bianjie, bianjie:	边界,变节,辩解,便捷
bufa, bufa, bufa, bufa:	补发,不乏,步伐,不法
canju, canju, canju, canju:	餐具,残局,惨剧,参局
shiji, shiji, shiji, shiji:	诗集,实际,世纪,史记
gongji, gongji, gongji, gongji:	攻击,供给,共计,公祭
tongzhi, tongzhi, tongzhi, tongzhi:	通知,同志,统治,捅纸
yanchang, yanchang, yanchang, yanchang:	延长,演唱,盐场,腌肠
shengli, shengli, shengli, shengli:	胜利,圣礼,生理,省力

你知道吗？ *Nǐ zhīdào ma?* Do you know?

火车车次的前面,有时候会有一些字母,都是有特定含义的,常见的如:

T 是指特快列车:速度最快,票价相对也最高;

K 是指快速列车:速度较快,票价有点儿高;

L 是指临时加开的列车:常常是在重要的假期,如"五一"、"十一"、春节期间才有。

如果什么字母都没有,就是一般的普通旅客列车,速度、票价都中等或较低。

这些字母可以帮助你大概了解一下你所要坐的火车类型,也可以帮助你选择合适的火车。

Train numbers are sometimes proceeded by an English letter which bears significance. Among them, the common ones are:

T for the bullet express. Both the speed of the train and the price of the ticket are the highest.

K for the express train. The speed is high and the price is expensive.

L for the provisional train. This service is available only in busy tourist seasons such as May Day, the National Day and the Spring Festival.

If the train number is not proceeded by any letter, it signifies an ordinary passenger train which runs at a moderate speed for a moderate or even a cheap price.

Knowing the significance of these letters, you will be more comfortable in choosing the right train for yourself.

第十四课　请问,有空房间吗?

Dì-shísì　kè　　Qǐng wèn, yǒu kōng fángjiān ma?

Lesson Fourteen　Excuse me, do you have any vacancies?

 说一说　Shuō yi shuō　Read the dialogues.

幸　子：我们想要两个房间。

Xìngzǐ：　　Wǒmen xiǎng yào liǎng ge fángjiān。

　　　　　　We'd like two rooms.

服务员：对不起,都住满了。

Fúwùyuán：　Duìbuqǐ, dōu zhù mǎn le。

　　　　　　Sorry, we are full.

大　卫：请问，有空房间吗？
Dàwèi: Qǐng wèn, yǒu kōng fángjiān ma?
Excuse me, do you have any vacancies?

服务员：有。
Fúwùyuán: Yǒu。
Yes, we do.

大　卫：我们想要两个单人间。一个晚上多少钱？
Dàwèi: Wǒmen xiǎng yào liǎng ge dānrénjiān。Yì ge wǎnshang duōshao qián?
We'd like two single rooms. What's the rate?

服务员：标准间150块,普通间90 块。你们要标准间还是普通间？
Fúwùyuán: Biāozhǔnjiān yìbǎi wǔshí kuài。Pǔtōngjiān jiǔshí kuài。Nǐmen yào biāozhǔnjiān háishi pǔtōngjiān?
150 yuan per night for standard rooms and 90 yuan for ordinary rooms. Would you like standard rooms or ordinary rooms?

大　卫：标准间吧。
Dàwèi：　Biāozhǔnjiān ba。
Standard rooms.

服务员：好,请登记一下…… 请去6号楼服务台。
Fúwùyuán：Hǎo, qǐng dēngjì yíxià …… Qǐng qù liù hào lóu fúwùtái。
Ok. Register here please. ... Please go to the service desk in Building 6.

幸　子：你好! 我们要了两个单人标准间。
Xìngzǐ：　Nǐ hǎo! Wǒmen yào le liǎng ge dānrén biāozhǔnjiān。
Hello! We need two single standard rooms.

服务员：欢迎你们!
Fúwùyuán：Huānyíng nǐmen!
Welcome!

这是钥匙, 6212号房间和6214号房间。
Zhè shì yàoshi, liù' èryāo' èr hào fángjiān hé liù' èr yāosì hào fángjiān。
These are the keys for Room 6212 and Room 6214.

学一学 Xué yi xué Learn the following patterns.

1. 我们想要两个房间。
Wǒmen xiǎng yào liǎng ge fángjiān。
We'd like two rooms.

2. 对不起,都住满了。
Duìbuqǐ, dōu zhù mǎn le。
Sorry, we are full.

3. 一个晚上多少钱?
Yí ge wǎnshang duōshao qián?
How much per night?

4. 你们要标准间还是普通间?
Nǐmen yào biāozhǔnjiān háishi pǔtōngjiān?
Would you like standard rooms or ordinary rooms?

记一记 Jì yi jì

Learn the new words and expressions.

房间	（名）	fángjiān	room
满	（形）	mǎn	full
空	（形）	kōng	vacant
单	（形）	dān	single
标准间	（名）	biāozhǔnjiān	standard
普通间	（名）	pǔtōngjiān	ordinary room
登记	（动）	dēngjì	to register
一下		yíxià	(used after a verb to indicate an informal action)
楼	（名）	lóu	building
服务台	（名）	fúwùtái	service desk
钥匙	（名）	yàoshi	key

跟我念 Gēn wǒ niàn Read after me.

dēng	déng	děng	dèng	dēng	登记 登记
jī	jí	jǐ	jì	jì	
biāo	biáo	biǎo	biào	biāo	标准 标准
zhūn	zhún	zhǔn	zhùn	zhǔn	
pū	pú	pǔ	pù	pǔ	普通间 普通间
tōng	tóng	tǒng	tòng	tōng	
jiān	jián	jiǎn	jiàn	jiān	
fū	fú	fǔ	fù	fú	服务台 服务台
wū	wú	wǔ	wù	wù	
tāi	tái	tǎi	tài	tái	
yāo	yáo	yǎo	yào	yào	钥匙 钥匙
shī	shí	shǐ	shì	shi	

多少钱？　　　　　　　　　　Duōshao qián?

一晚上多少钱？　　　　　　　Yì wǎnshang duōshao qián?

普通间一晚上多少钱？　　　　Pǔtōngjiān yì wǎnshang duōshao qián?

一个普通间一晚上多少钱？

Yí ge pǔtōngjiān yì wǎnshang duōshao qián?

你们这儿一个普通间一晚上多少钱？

Nǐmen zhèr yí ge pǔtōngjiān yì wǎnshang duōshao qián?

请问，你们这儿一个普通间一晚上多少钱？

Qǐng wèn, nǐmen zhèr yí ge pǔtōngjiān yì wǎnshang duōshao qián?

登记　　　　　　　　　　　　dēngjì

去登记　　　　　　　　　　　qù dēngjì

去服务台登记　　　　　　　　qù fúwùtái dēngjì

去六号楼服务台登记　　　　　qù liù hào lóu fúwùtái dēngjì

去饭店的六号楼服务台登记

qù fàndiàn de liù hào lóu fúwùtái dēngjì

我们去饭店的六号楼服务台登记。

Wǒmen qù fàndiàn de liù hào lóu fúwùtái dēngjì.

现在我们去饭店的六号楼服务台登记。

Xiànzài wǒmen qù fàndiàn de liù hào lóu fúwùtái dēngjì.

试一试 Shì yi shì Substitute the underlined parts.

1. 我们想要两个空房间。

> 单人间；
>
> 双人间(shuāngrénjiān, double room)；
>
> 三人间(sānrénjiān, triple room)；
>
> 钟点房(zhōngdiǎnfáng, room charged according to hours)

2. 一个晚上多少钱？

> 一天；　　一个小时

3. 你们要<u>标准间</u>还是<u>普通间</u>？

> 单人间　双人间；
> 三人房　家庭(jiātíng, family)套房(tàofáng, suite)

填一填 Tián yi tián Fill in the bracket.

一( )房间　一( )发型　一( )票
一( )饺子　一( )啤酒　一( )书
一( )衣服　一( )裙子　一( )单子
一( )学生　一( )老师　一( )硬币

连一连 Lián yi lián

Rearrange the given words into sentences.

1. 满　　　住　　　了　　　房间　　　都
2. 多少钱　单人间　晚上　　一个
3. 吗　　　有　　　空　　　你们　　　房间
4. 的　　　127号　钥匙　　房间　　　这是
5. 我们　　一个　　标准间　了　　　要

译一译 Yì yi yì Translate the following sentences.

1. 我们想要一个双人标准间。

2. 大卫住在北京饭店2号楼2304号房间。

3. 北京饭店的房间都住满了。

4. 请问，有空房间吗？

5. 普通间一天六十块。

听一听,填一填,答一答
Tīng yi tīng, tián yi tián, dá yi dá

Listen to the dialogue, fill in the blanks and answer the questions.

A：你好,北京饭店。

B：你好,请问_____?

A：有。要住几个晚上?

B：_____,_____。我要两间双人标准间。

A：对不起。_____。

B：有三人标准间和单人标准间吗?

A：_____, _____。

B：这样吧。我要_____。

A：好的。请问,您贵姓?

B：我姓陈,叫陈平。我们_____。

A：再见。

B：再见。

问题：

1. 北京饭店有什么样儿的空房间?

2. 陈平要了几个房间?是什么样儿的?

3. 陈平什么时候到北京饭店?要住多长时间?

看一看,说一说 Kàn yi kàn, shuō yi shuō

Look at the pictures and talk about them.

饭店　客满　总统套房　太贵　普通房　很紧张

①

②

总统(zǒngtǒng, President)套房

③

多多到了西安以后,去找饭店住。_____

_____

读一读 Dú yi dú

Read the following phonetic drills.

guīguijūjū（规规矩矩）   rèrenāonāo（热热闹闹）

mànmantēngtēng（慢慢腾腾）   hēibuliūqiū（黑不溜秋）

báibucīliē（白不呲咧）   huālihúshào（花里胡哨）

yíqièshùnlì（一切顺利）   yìzhībànjiě（一知半解）

bǎilǐtiāoyī（百里挑一）   bùwénbúwèn（不闻不问）

bùténgbùyǎng（不疼不痒）   dàxiǎobùyī（大小不一）

你知道吗？ Nǐ zhīdào ma? Do you know?

　　在中国有几个假期是人们出外旅游的旺季，比如像"五一"、"十一"和春节。这时候，如果你也要出游的话，一定要记得提早预订车票、预订旅馆，否则很可能就会有多多那样的遭遇。

　　到中国的旅馆饭店住宿，登记时记得要带护照，退房的时候也要注意时间。一般说来要在中午12点以前退房。超过12点退房就要加收一天房费的50%。注意，别忘了这一点。

There are some busy tourist seasons in the year in China, such as the May Day, the National Day and the Spring Festival holidays. If you plan to travel during these holidays, it is advisable to book a train or bus ticket and make hotel reservation well ahead of time in order to avoid trouble like the ones Duoduo ran into.

Show your passport when you check into a hotel. In general, the check-out time at a hotel is 12:00 at noon and an additional half day would be charged for check-out after that. So, remember to check out in time.

第十五课　下学期见！

Dì-shíwǔ　kè　　Xià xuéqī jiàn!

Lesson Fifteen　　See you next term!

 说一说 Shuō yi shuō Read the dialogues.

丁　凡：一个星期以后就要放寒假了。幸子，你有什么打算？

Dīng Fán： Yí ge xīngqī yǐhòu jiù yào fàng hánjià le。Xìngzǐ, nǐ yǒu shénme dǎsuan?

The winter vacation will begin in a week. Xingzi, what's your plan?

幸　子：回家看看爸爸妈妈。你呢？

Xìngzǐ： Huí jiā kànkan bàba māma。Nǐ ne?

I will go home to see my parents. And you?

丁　凡：我打算去云南旅游，看看我的网友。

Dīng Fán： Wǒ dǎsuan qù Yúnnán lǚyóu, kànkàn wǒ de wǎngyǒu。

I am going to visit Yunnan, calling on my net friends on internet.

大　卫：天气这么冷，我要天天在家睡觉。

Dàwèi： Tiānqì zhème lěng, wǒ yào tiāntiān zài jiā shuìjiào。

It is so cold. I want to sleep at home every day.

小 雨： 真是大懒虫！春节到我家来吧。
Xiǎoyǔ： Zhēn shì dà lǎnchóng! Chūnjié dào wǒ jiā lái ba.
You are so lazy! Come to my home during the Spring Festival.

大 卫： 太好了，谢谢！
Dàwèi： Tài hǎo le, xièxie!
Great, thanks!

丁 凡： 飞机什么时候起飞？
Dīng Fán： Fēijī shénme shíhou qǐfēi?
What time does the plane take off?

幸 子： 还有40分钟。我要走了。
Xìngzǐ： Hái yǒu sìshí fēnzhōng. Wǒ yào zǒu le.
In 40 minutes. I'd go now.

小 雨： 我已经开始想你了。
Xiǎoyǔ： Wǒ yǐjīng kāishǐ xiǎng nǐ le.
I have begun to miss you.

丁 凡： 别这样！我们可以在网上聊天。
Dīng Fán： Bié zhèyàng! Wǒmen kěyǐ zài wǎng shang liáotiān.
Don't do that! We can have a chat on the net.

大 卫： 是啊！再说，幸子回来以后你们还可以一起逛街。
Dàwèi： shì' a! Zài shuō, Xìngzǐ huílái yǐhòu nǐmen hái kěyǐ yìqǐ guàng jiē.
Yes! And, you may go window shopping together when Xingzi comes back.

幸 子：大卫，别忘了发邮件给我。我很想知道中国人怎
么过年。

Xìngzǐ：　Dàwèi, bié wàng le fā yóujiàn gěi wǒ。　Wǒ hěn xiǎng zhīdào
Zhōngguórén　zěnme guònián。

David, don't forget to send e-mail messages to me. I want to know
what Chinese do in the Spring Festival.

大 卫：没问题！

Dàwèi：　Méi wèntí!

I will!

幸 子：下学期见！

Xìngzǐ：　Xià xuéqī jiàn!

See you next term!

小雨、丁凡、大卫：一路平安！下学期见！

Xiǎoyǔ, Dīng Fán,Dàwèi：　Yílùpíng' ān! Xià xuéqī jiàn!

Wish you a pleasant journey! See you next term!

 学一学 Xué yi xué Learn the following sentence patterns.

1. 你寒假有什么打算？

Nǐ hánjià yǒu shénme dǎsuan?

What is your plan for the winter vacation?

2. 别忘了发邮件给我。

Bié wàng le fā yóujiàn gěi wǒ。

Don't forget to send e-mail messages to me.

3. 我很想知道中国人怎么过年。

Wǒ hěn xiǎng zhīdào Zhōngguórén zěnme guònián。

I want to know what Chinese do in the Spring Festival.

4. 一路平安！下学期见！

Yílùpíng'ān!　　Xià xuéqī jiàn!

Wish you a pleasant journey! See you next term!

记一记　Jì yi jì　Learn the new words and expressions.

寒假	（名）	hánjià	winter vacation
网友	（名）	wǎngyǒu	a friend on line
这么	（副）	zhème	so
懒虫	（名）	lǎnchóng	a lazy person
春节	（名）	Chūnjié	the Spring Festival
已经	（副）	yǐjīng	already
开始	（动）	kāishǐ	to begin, to start
想	（动）	xiǎng	to miss
起飞	（动）	qǐfēi	to take off
过	（动）	guò	to spend（time）
过年		guònián	to observe the Spring Festival
别	（副）	bié	do not
再说		zài shuō	in addition
发	（动）	fā	to send
邮件	（名）	yóujiàn	mail
学期	（名）	xuéqī	term
一路平安		Yílùpíng'ān	to wish sb. a pleasant journey
云南		Yúnnán	Yunnan Province

跟我念 Gēn wǒ niàn Read after me.

lǚ	lú	lǔ	lù	lǚ	旅游 } 旅游
yōu	yóu	yǒu	yòu	yóu	
dā	dá	dǎ	dà	dǎ	打算 } 打算
suān	suán	suǎn	suàn	suan	
lān	lán	lǎn	làn	lǎn	懒虫 } 懒虫
chōng	chóng	chǒng	chòng	chóng	
qī	qí	qǐ	qì	qǐ	起飞 } 起飞
fēi	féi	fěi	fèi	fēi	
pīng	píng	pǐng	pìng	píng	平安 } 平安
ān	án	ǎn	àn	ān	

网友   wǎngyǒu

他的网友   tā de wǎngyǒu

看他的网友   kàn tā de wǎngyǒu

去云南看他的网友   qù Yúnnán kàn tā de wǎngyǒu

打算去云南看他的网友   dǎsuan qù Yúnnán kàn tā de wǎngyǒu

丁凡打算去云南看他的网友。

Dīng Fán dǎsuan qù Yúnnán kàn tā de wǎngyǒu。

寒假丁凡打算去云南看他的网友。

Hánjià Dīng Fán dǎsuan qù Yúnnán kàn tā de wǎngyǒu。

丁凡打算寒假去云南看他的网友。

Dīng Fán dǎsuan hánjià qù Yúnnán kàn tā de wǎngyǒu。

春节   Chūnjié

过春节   guò Chūnjié

怎么过春节   zěnme guò Chūnjié

中国人怎么过春节   Zhōngguórén zěnme guò Chūnjié

想知道中国人怎么过春节

xiǎng zhīdào Zhōngguórén zěnme guò Chūnjié

幸子想知道中国人怎么过春节。

Xìngzǐ xiǎng zhīdào Zhōngguórén zěnme guò Chūnjié。

幸子很想知道中国人怎么过春节。
Xìngzǐ hěn xiǎng zhīdào Zhōngguórén zěnme guò Chūnjié。

 试一试 Shì yi shì Substitute the underlined parts.

1. 我<u>寒假</u>打算<u>去云南玩儿</u>。

暑假	打工(dǎgōng, do a part-time job)挣(zhèng, fearn)学费(xuéfèi, tuition);
"五一节"	在家好好休息;
周末(zhōumò, weekend)	和朋友去咖啡馆坐坐

2. 别忘了<u>发邮件给我</u>。

发短信(duǎnxìn, short message)给我;
星期六去爬山;
晚上八点上网聊天

3. 我想知道<u>中国人怎么过年</u>。

你的手机号码;
你的 E-mail 地址;
小雨打算怎么过生日(shēngrì, birthday)
为什么中国人叫外国人"老外"

4. <u>下学期</u>见。

晚上;	回头(huítóu, later);
星期一;	网上

连一连 Lián yi lián

Rearrange the given words into sentences.

1. 就　　了　　放　　要　　寒假
2. 打算　天天　睡觉　在家　大卫
3. 可以　聊天　在　　我们　网上
4. 的时候到　来　吧　你　我家　过年

 译一译 Yì yi yì Translate the following sentences.

1. 寒假你有什么打算？
2. 大卫想知道小雨的生日是几月几号。
3. 别忘了到家后打电话给我。
4. 小雨打算暑假去云南旅游一个月。

 念一念,连一连 Niàn yi niàn, lián yi lián

Read the passage and do the exercise.

小雨的日记：

　　学校放了一个月的寒假。幸子回日本看她的爸爸妈妈,她很想他们！丁凡去了美丽(měilì, beautiful)的云南,去看他的网友。他拍(pāi, to take)了很多漂亮的照片(zhàopiàn, photo, picture)。大卫怕冷,一个冬天(dōngtiān, winter)都没有出去玩儿,在家睡觉、看电视、学习。过年的时候,他到我们家来玩儿。爷爷请我们吃了很多好吃的菜。我们吃得开心(kāixīn, happy)极了！下星期一就要开学了。新的一个学期,祝(zhù, to wish)我们好运(hǎoyùn, good luck)！

幸子	和爷爷在家
丁凡	睡觉
大卫	看网友
小雨	回国

看一看，说一说 Kàn yi kàn, shuō yi shuō

Look at the pictures and talk about them.

周末	打算	上网聊天	爬山
看电影	踢球	做作业	不开心

这个周末多多打算干什么呢？_____

 聊一聊 Liáo yi liáo Chat on the following topic.

谈谈你的假期打算。 Can you tell us about your vacation plan?

读一读 Dú yi dú Read the following phonetic drills.

pí'ǎo（皮袄）	Xī'ān（西安）	liàn'ài（恋爱）
shàn'è（善恶）	yǒumén（有门）	yǒuménr（有门儿）
yīdiǎn（一点）	yìdiǎnr（一点儿）	
sòngxìn（送信）	sòngxìnr（送信儿）	

古诗欣赏 Gǔshī xīnshǎng

An ancient Chinese poem

《卜算子》

我住长江头，
君住长江尾。
日日思君不见君，
共饮长江水。
此水几时休？
此恨何时已？
只愿君心似我心，
定不负相思意。

《Bǔ suànzǐ》

Wǒ zhù chángjiāng tóu,
Jūn zhù chángjiāng wěi.
Rìrì sī jūn bú jiàn jūn,
Gòng yǐn chángjiāng shuǐ.
Cǐ shuǐ jǐshí xiū?
Cǐ hèn héshí yǐ?
Zhǐ yuàn jūnxīn sì wǒ xīn,
Dìng bú fù xiāngsī yì.

你知道吗？ Nǐ zhīdào ma? Do you know?

中国的学校一学年分为两学期。每年9月份是新学年的开始。从9月份到春节之前是第一学期。然后就是放寒假过春节，一般寒假是一个月，没有固定日期，要看这一年的春节是哪一天。而寒假之后到7月初是这一学年的第二学期，接着就是两个月左右的暑假。学生除了寒暑假之外，还有两个较长的假期，"五一"和"十一"。基本上，旅游旺季也就是这几个假期。爱旅游的你可要抓紧这几个假期哦！

In China, a school year consists of two semesters. The first semester begins in September and lasts until close to the Spring Festival. Then follow the one-month winter vacation and the Spring Festival. Exact dates of the winter vacation depend on which day the Spring Festival happens to fall on. After the winter vacation comes the second semester which ends in July and is followed by a two-month summer vacation. Apart from the vacations, Chinese students also enjoy two long holidays, the May Day and the National Day holidays. Vacations and holidays are good occasions for traveling. Don't miss them.

部分练习参考答案及听力文本

第一课

填一填

(1) 你好

(2) 早上好

(3) 你们好

(4) 我很好,谢谢。 他们很好 很好

连一连

1. 最近你好吗?(你最近好吗?)

2. 我们都很好。

3. 大卫也很好。

译一译

1. Good morning!

2. How are you recently?

3. They are all fine.

第二课

填一填

(1)你叫什么名字

(2)我姓陈 哪国人

(3)田中幸子 日本人 你好 我叫(我是) 很高兴认识你

连一连

1. 大卫是英国人。

2. 我不是你们的汉语老师。

3. 很高兴认识你！（认识你很高兴！）

4. 幸子是日本留学生吗？

念一念，连一连

幸子 ——— 日本人

大卫 ——— 英国人

陈爷爷 ——— 中国老师

丁凡 ——— 中国学生

译一译

My name is Chen Xiaoyu. I am a Chinese. Ding Fan is my classmate. David and Tianzhong Xingzi are my friends. They are foreign students. I am glad to meet them.

第三课

念一念，连一连

丁凡 ——— 网虫

幸子 ——— 聊天

大卫 ——— 球迷

连一连

1. 你喜欢干什么？

2. 大卫很喜欢睡觉。

3. 我们有相同的爱好。

4. 幸子下课以后喜欢听音乐。

5. 陈老师喜欢四川菜还是广东菜？

译一译

1. She is a Japanese student. Which country are you from?

2. Xiaoyu and Xingzi both like listening to music.

3. Do you like playing football or watching TV?

第四课

填一填

1. 八点　　六点

2. 多长时间　　什么时候

3. 几点　　　多长时间

4. 几点

选一选

A 选：<u>去年　　　　两点　　　　星期二　　　二月</u>

B 选：<u>两个月　　一个星期　　三天　　　两年</u>

译一译

1. How long have you been in China?

2. When will you play football with David?

3. We are going to see a film at 8:00 tomorrow evening.

听一听, 填一填

bǎobèi (宝贝)	bābǎi (八百)	běibiān (北边)
bàba (爸爸)	dádào (达到)	děngdài (等待)
dìdiǎn (地点)	dìdi (弟弟)	gōnggòng (公共)
gǎigé (改革)	guǎnggào (广告)	gēge (哥哥)
pīnpán (拼盘)	pípa (琵琶)	pīpíng (批评)
pópo (婆婆)	téngtòng (疼痛)	táitóu (抬头)
tàntǎo (探讨)	tàitai (太太)	kěkào (可靠)
kuānkuò (宽阔)	kèkǔ (刻苦)	kāngkǎi (慷慨)

Fā píqì, tī shítou, zhǐ huì tī téng jiǎo zhítou.
（发脾气，踢石头，只会踢疼脚指头。）

第五课

连一连

1. 今天天气怎么样？
2. 今天下雨了。
3. 等天气好了我们再去爬山。
4. 为什么最近风很大？（最近为什么风很大？）
5. 明天很热，30 到 33 度。

猜一猜

1. 耳朵　　2. 眼睛

第六课

填一填

有什么事儿？　　请他给我打个电话，好吗？　　不（用）谢

念一念，答一答

1. B 给北京饭店打电话。
2. 2309 号房间有人。

听一听，写一写

13862338854　　　　13036875290
010–65114114　　　　021–67411575
67772190　　　　　　65195997

译一译

1. Excuse me, is that Mr. Chen speaking?

2. Sorry, he isn't in.

3. Please call your father.

4. Let's go to climb the hill, shall we?

5. Do you know Xingzi's telephone number?

猜一猜

在网上聊完天要告别时,用886或88,意思是"拜拜了"或"拜拜",就是说"再见"。

第七课

选一选

1. 几　2. 哪　3. 多长时间　4. 怎么　5. 什么　6. 怎么样　7. 几几几　8. 什么

译一译

1. How can I get to the embassy?

2. Where is the post office?

3. Take No. 4 Bus and get off at Beijing Hotel.

4. Go straight ahead, and the office is over there.

念一念,答一答

1. 幸子现在住在人民路76号501室,可以坐26路车去,也可以打的或者坐地铁去。

2. 不,小雨他们常常去幸子家玩儿。

听一听,答一答

一、对话

　　A：请问这儿有邮局吗?

　　B：有,在对面,电影院旁边(pángbiān, beside)。

　　A：谢谢你。

　　B：不用谢。

回答：1. 邮局在电影院旁边。（邮局在对面。）

　　　2. 电影院在路对面。（电影院在邮局旁边。）

二、对话

　　A：大卫在教室吗？

　　B：他不在。

　　A：他去哪儿了？

　　B：他在房间睡觉。

回答：1. 大卫不在教室。

　　　2. 他在睡觉。

第八课

选一选

1. 是的

2. 太好了

3. 好的

译一译

1. Would you like juice or coke?

2. They treated us to a meal.

3. Let's go to Xiaoyu's home together.

4. Green vegetable with mushroom and a bottle of coke, please.

5. How do you like the spicy chicken?

第九课

连一连

1. 你想换多少美元？

2. 请给我换十个硬币。（请换十个硬币给我。）

3. 银行和饭店都可以换钱。

4. 请保存好这张单子。

5. 你们换美元还是人民币?

6. 请你换一些零钱。

念一念,答一答

回答:

1. 去银行换钱要带护照和钱。

2. 银行小姐给了大卫一张兑换水单,有用。

3. 大卫一共换了十个硬币,十块钱。

听一听,填一填

A:你好!我要打个投币电话,想换一些硬币。

B:想换多少钱?

A:五块钱。

B:一块钱的硬币还是五毛钱的硬币?

A:四个一块的,两个五毛的。

B:给你。

A:谢谢。

听一听,答一答

A:嗨,大卫,你去哪儿?

B:银行。

A:你去银行干什么?

B:我要去换钱,换 1500 美元。

A:为什么?

B:昨天我看到一台(tái, a classifier)笔记本电脑(bǐjìběn diànnǎo, portable computer),很好,只要一万一千块钱。

A:那你路上要当心(dāngxīn, to be careful)啊。

回答:1. 大卫去银行换钱。

2. 大卫要换 1500 美元,一美元换 8.25 块,大卫要换 12375 块人民币。

3. 因为大卫想买一台笔记本电脑。

第十课

连一连

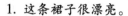

1. 这条裙子很漂亮。
2. 听说超市明天打折。（听说明天超市打折。）
3. 两斤苹果一共多少钱？
4. 我们随便看看。
5. 他们去商店买东西。

问一问

1. 你想买什么？
2. 这个手机多少钱？
3. 这件衣服打几折？
4. 这本书怎么样？

译一译

1. We want to go window shopping tonight.
2. How much is this skirt?
3. —How do you like the dish?
   —Delicious.
4. 50% discount now.

念一念，答一答

回答：
B 一共买了两斤苹果，花了 2 块 6。

第十一课

连一连

1. 你想剪什么样儿的？
2. 幸子的发型怎么样？
3. 我不要剪短。

4. 今年最流行这种发型。（今年这种发型最流行。）

5. 剪头发要五块钱。

译一译

1. I want to have a cool hair style like David's.

2. How much for a crop hair?

3. Would you like to have you hair cut or dye it?

念一念,连一连

丁凡 ——————— 短发

幸子 ——————— 长发

大卫 ——————— 前卫的发型

第十二课

连一连

1. 幸子脸色很不好。

2. 我大概感冒了。

3. 今天她有一点儿发烧。

4. 给你量一量体温吧。

5. 你一定要多喝水。

译一译

1. What's wrong with you?

2. I have got a cold.

3. David will go to see a doctor.

4. Take some medicine, drink much water, and have a rest.

念一念,答一答

回答：

1. 天很冷,幸子感冒了。

2. 幸子想吃药。

3. 幸子一天要吃六片药。

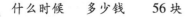

第十三课

填一填

什么时候   多少钱   56块

连一连

1. 你们坐飞机还是坐火车?
2. 现在票很紧张。
3. 昨天她没买到裙子。
4. T86 次火车 18:00 开。
5. "五一"你们想去哪儿玩儿?

念一念,答一答

1. 辛子和大卫要去上海玩儿。
2. 他们四月三十号去上海,坐火车去。
3. 不。

译一译

The summer vacation will begin next Monday. We are going to Tianjin. The railway ticket is cheap, so we'll go there by train. We bought the tickets four days ahead of time. The train leaves at 7:00 a.m. and arrive at 9:00 a.m.

看一看,说一说

1. 火车票:

   T21 次;北京;上海;2002 年 7 月 30 日 18:00;6 号车厢 11 号中铺;317 元

   汽车票:

   0121 车次;成都;重庆;2002 年 6 月 27 日;47 号座位;107 元

2. 看图说话

   多多"十一"长假想去西安。他想:"坐飞机去,还是坐火车去?"。他想飞机票太贵了。于是他买了一张火车票去西安。晚上走,大概要坐十几个小时。

   Duoduo plans to visit Xi'an during the National Day vacation. He thinks:

"Shall I go there by air or by train?" At last he goes to Xi'an by train in the evening for the fare because an airline ticket is too expensive. It will take him more than ten hours.

听一听,写一写

ānshì ànshì ànshí ānshì	安适,暗示,按时,安世
bǎoyù bàoyǔ bāoyú bāoyù	宝玉,暴雨,鲍鱼,褒誉
biānjiè biànjié biànjiě biànjié	边界,变节,辩解,便捷
bǔfā bùfá bùfǎ bùfá	补发,步伐,不法,不乏
cānjù cánjú cǎnjǔ cānjú	餐具,残局,惨剧,参局
shījí shíjì shìjì shǐjì	诗集,实际,世纪,史记
gōngjī gòngjǐ gòngjì gōngjì	攻击,供给,共计,公祭
tōngzhī tóngzhì tǒngzhì tǒngzhǐ	通知,同志,统治,捅纸
yáncháng yǎnchàng yánchǎng yāncháng	延长,演唱,盐场,腌肠
shènglì shènglǐ shēnglǐ shěnglì	胜利,圣礼,生理,省力

第十四课

填一填

个	个	张	斤(两)	瓶	本
件	条	张	个	位(个)	个

连一连

1. 房间都住满了。

2. 单人间一个晚上多少钱?

3. 你们有空房间吗?

4. 这是127号房间的钥匙。

5. 我们要了一个标准间。

译一译

1. We'd like one double standard room.

2. David lives in Room 2304, Building 2 at Beijing Hotel.

3. The rooms at Beijing Hotel are all full.

4. Excuse me, do you have any vacancies?

5. 60 yuan per night for an ordinary room.

听一听,填一填,答一答

A：你好,北京饭店。

B：你好,请问十月二号还有空房间吗?

A：有。要住几个晚上?

B：四个晚上,从二号到五号。我要两间双人标准间。

A：对不起。只有一间双人标准间了。

B：有三人标准间和单人标准间吗?

A：三人标准间没了。单人标准间还有。

B：这样吧。我要一间双人标准间和两间单人标准间。

A：好的。请问,您贵姓?

B：我姓陈,叫陈平。我们十月二号中午到。

A：再见。

B：再见。

回答:

1. 北京饭店有双人标准间和单人标准间。

2. 陈平要了3间房间,一间双人标准间和两间单人标准间。

3. 陈平十月二号中午到北京饭店,要住四个晚上。

看一看,说一说

多多到了西安以后去找饭店住。第一家饭店都住满了。第二家饭店只有一间总统(zǒngtǒng, president)套房,太贵了。于是多多去了第三家,找到了一个三人普通房。因为游客太多了,饭店的房间都很紧张,所以多多只好要了这间三人房。

Duoduo has arrived in Xi'an now, and is looking for a hotel. The first hotel is full. The second only has a president-suite which is too expensive. Duoduo has to stay in a triple-room in another hotel. Because there are so many tourists, hotel accommodations are in short supply.

第十五课

连一连

1. 就要放寒假了。

2. 大卫打算天天在家睡觉。

3. 我们可以在网上聊天。

4. 过年的时候你到我家来吧。

译一译

1. What's your plan for the winter vacation?

2. David wonders which day is Xiaoyu's birthday.

3. Don't forget to call me on arriving home.

4. Xiaoyu plans to visit Yunnan for a month in the summer vacation.

念一念,连一连

幸子 ——— 回国

丁凡 ——— 看网友

大卫 ——— 睡觉

小雨 ——— 和爷爷在家

看一看,说一说

这个周末多多打算干什么呢? 他想去上网聊天,想去爬山,想去看电影,还想去踢球。但是,妈妈要多多在家学习。多多很不开心。

He wants to chat online, climb a hill, see a film, or play the football. But Mother says:"You should do your homework at home." Duoduo is very unhappy.

"学一学"、"你知道吗?"
日文翻译

第一课

1. こんにちは！

2. おはようございます。

3. お元気ですか。

4. 元気です。

　大衛は小雨の同級生で、会うとお互いに"你好"と言います。大衛と小雨が先生に会う時には先生に"您好"と挨拶します。どんな場合には"你好"と言い、どんな場合には"您好"と言うのかは分かりましたね。

　先生が大衛と小雨に会う時には"你们好！"と言い、大衛と小雨が先生達に会う時には"老师好"と言います。"您们好"は間違いです、中国語には"您们"という言い方はありません。

第二课

1. お名前は（貴方の姓は）？ ― 陳です。

2. お名前はなんと言いますか? ― 私は田中幸子と申します。

3. お国はどこですか? ― 私は日本人です。

4. お目にかかれて　とても嬉しいです。

　中国人の姓名は姓（苗字）と名（名前）の二つの部分からなっていて、姓が前に 名が後ろにつく。姓は一文字のが多く、"陳""丁""王""張"などがある。二文字のは少なく、例えば"欧陽""司徒"などがある。名は二文字のも、一文字のもある。ピンインで書く時には 姓と名の間をあける。また姓と名の一文字目のローマ字は大文字で書くのが普通である。例えば"陳小雨"は"Chén xiǎoyǔ"である。

　実際生活の中では 仲間内で自分より年上の人には姓の前に"老"をつけることが多い、例えば"老陳""老王"などで、また自分より年下の人には姓の前に"小"をつける。例えば"小丁""小張"などである。ただ先生に対しては失礼になるので使えません。

第三课

1. 私は音楽を聴くのが好きです。

2. サッカーは好きですか?

3. 放課後何をするのが好きですか?

4. あなたは 音楽を聴くのが好きですか、それともサッカーをするのが好きですか?

　海外との交流が深まるとともにたくさんの珍しい外国語の略語が直接中国語の語彙に入ってきます。これらの語彙は元の意味を保留しています。次の略語はみなさんもよく知っているでしょう。

　CD VCD DVD MTV WTO E-mail IT NBA MBA QQ ICQ

　また一部の語彙は直接アルファベットを使うのではなく、それと似た音の中国語の漢字を当てて外来語を表してます。次の単語を読んでみて下さい。意味を掴めるでしょうか。

　卡拉OK　可口可乐　百事可乐　比萨饼　沙拉 麦当劳　肯德基　香槟

第四课

1. 今日は何曜日ですか? — 今日は土曜日です。

2. 明日は何月何日ですか? — 明日は九月一日です。

3. いま何時ですか? — 七時半です。

　一緒に手で数字を表してみましょう。

　中国人が時間を言う時にはこんな順番で言う。

　　年｜月｜日｜点｜分　　　　　　　　年｜月｜日｜曜日

　例えば:2000年6月20日8時15分　　　2000年7月22日月曜日

　年を読む時には その数字を一一読むことに気をつけてください。次の年を読んでみてください。　1876年　1903年　1990年　2002年

第五课

1. 今日は曇りがちです。気温は20度から25度です。

2. 明日の天気はいかがでしょう?

3. とてもよいお天気で、寒くもなく 暑くもなく晴天です。

4. 天気がよくなってから 遊びに出かけましょう。

　中国人が気温を言う時に 特別に明記しない場合には 華氏ではなく 摂氏を言

う。もし華氏の言い方で慣れている方は 中国で天気予報を聞く時には "あ、これ は摂氏を言うんだな" と覚えて 下さいね。

第六课

1. すみません。小雨さんはいらっしゃいますか?
2. 何かご用でしょうか?
3. 私に電話をくださるよう伝えていただけますでしょうか?
4. 小雨さんの家の電話番号をご存じですか?

　電話番号と部屋番号を読む時 "一" と "七" の発音が近いため よく間違われ ることがある、それを避けるため "一" を yao と読む。次の番号を読んでみてく ださい。

　13957286514　010—88675670　114　117　119　110　120　121
　下の電話番号を覚えて下さい。きっと役に立つでしょう。
　相手の電話番号を知りたい時は　114 を回して下さい。
　犯罪行為を見かけたとき、または助けを求める時は 110 を回して下さい。
　火災の時は　119 を回して下さい。
　救急車を呼びたいときは 120 を回して下さい。

第七课

1. すみません 郵便局へはどうやって行きますか?
2. まっすぐ 行くと すぐ前に あります。
3. 26 番のバスに乗って 人民路で降りて下さい。
4. 26 番のバス停はどこですか? — すぐ向かいにあります。

　現在の中国の都市では 交通が非常に便利になった。公衆バスは都市を縦横無 尽に走り、ミニバスは都市と農村を繋げた。市内で道に迷い 人に尋ねようもない ときは 道端で手を振り タクシーに乗ろう。始発料金は都市によって違うが 大体 10 元以内だ。現在、中国の多く都市のバスは ワンマンバスです。バスに乗った ら すぐ 運賃箱に お金を入れます (大体一元か二元です)。お釣りは出ないので、 必ず小銭を準備して出かけましょう。覚えましたね!

第八课

1. 御爺さんがおごります。
2. これはメニューです。
3. 私は香菇青菜 (椎茸と青菜の炒め) と辣子鶏 (辛い鶏肉の炒め) をもらいます。

4. 飲み物は何になさいますか?

5. ここの料理の味はいかがですか?

6. ようこそいらっしゃいました。

　中華料理にはたくさんの種類がある。例えば四川料理、広東料理、淮楊料理、北方料理などがある。それぞれ独特の味を持っている。また各地には独自の安くて美味しい軽食があり、これは普通道端の露店でしか食べられない。

　放課後この町の軽食 味わってみてください。それから お友達にその味を教えて下さい。

第九课

1. 一ドルでどれぐらいの人民元に換えられますか?

2. いくら換えますか?

3. 一元のコインを十枚換えて下さい。

　中国では主な銀行が五つある。中国銀行、中国工商銀行、中国建設銀行、中国農業銀行、中国交通銀行。どの銀行でも換金でき、また自分のクレジットカードを発行している。それぞれ長城カード、牡丹カード、ドラゴンカード、金穂カード、太平洋カードである。カードを作るととても便利です。都市と都市はインターネットでつながり、大きいデパートやスーパーならカードが使える、街には ATM 機が置かれてあり、引き出しがとても便利になった。これで 中国を旅行するときには現金の持ち歩きの必要がなくなりました。

第十课

1. スカートを買いたいのですが。

2. たくさんの店でバーゲンセールをしているそうです。

3. ちょっと見るだけです。

4. このスカートはいくらですか?

5. 少し安くしてください。

6. 毎度ありがとうございます。またのご来店をお待ちしています。

　お店に入ると欧米の店員が"Can I Help You?""What Can I do for you?"、と言ってくれる。中国の店員は"您要买什么?""您要点儿什么?""您要来点什么?"(なにをお求めですか) と言う。

　中国語は口語ではあまり"元"と言わず、代わりに"块""角""毛"の方がよく使われる、省略することもできる。つまり 1 元を一块。10.5 元を十块五毛、十块五角、十块五と言う。下の値段を読んでみてください。

10元　14元　15.8元　90元　109.5元

第十一课

1. すみません　散髪したいのですが。

2. どんな髪型になさいますか?

3. どんな髪型になさいますか?

4. 特にこの髪型が今年最も流行っています。

　現在の中国では わりといい散髪屋にはこんな広告が貼ってある、"洗、剪、吹 ×
×元"これはつまり"洗"は洗髪、"剪"は散髪、"吹"はセット・ブローで、注
文通りに整えてくれる。店によってはこの"洗"には洗髪するだけではなく 頭、
上半身のマッサージも含まれている。客の要望に応じていろいろやってくれる。

第十二课

1. どうしたのですか?

2. どこか調子が悪いのですか?

3. 多分風邪を引いたと思います。

4. 注射して 風邪薬を飲めばすぐ治ります。

　道を歩いているときに下の標識を見たことはありませんか。緑色は薬屋さんで
す。ちょっとした病気のときには 病院に行からなくとも 直接薬屋さんへ行って
薬を買えば結構です。赤色は病院です、ひどい病気の場合には病院に行くしかあ
りませんね。

第十三课

1. 来週が"五・一"(メーデー)の休みです。

2. あなた達は飛行機で行きますか、電車で行きますか?

3. 今日の午後駅へチケットを買いに行きます。

4. 上海行きのチケット2枚をください。

5. 4月30日の T21号、夜18：00時発です。

　列車の名の前になにかアルファベットが付きますが、それぞれ特別な意味があ
ります。

　　例えば：Tは特急で　スピードが一番速くて 値段も高い。

　　　　　　Kは快速で　スピードが次に早く 値段もやや高め。

　　　　　　Lは臨時列車で 主な休日の時に増設するのです。例えば "五・一(メ
ーデー)"、"十・一(国慶節)"、"旧正月"の時しか出ない。

列車名の前になにもつけない場合には普通列車であり、速さも値段も普通である。

これで中国の列車の種類についてすこし分ったので、これから列車に乗る時に少し役に立つと思います。

第十四课

1. 二部屋お願いします。

2. すみませんが 満員です。

3. 一晩いくらですか?

4. ツイン（バス・トイレ・エアコン付き）ですかそれともシングルですか?

中国では連体休みになるとみんな旅行に出かけ その間は旅行シーズンになる。例えば："五・一""十・一"と旧正月。もし貴方もこの期間に出かけるならできるだけ早い内にチケットとホテルを予約した方がいいと思います。でないと"矮冬瓜"と同じようなひどい目に合ってしまいます。

また中国でホテルに宿泊するにはパスポートが必要です。チェックアウトするときにも時間に気を付ける必要がある。普通は昼の12時までにチェックアウトしないと一日の部屋代の50%を取られる。くれぐれも 忘れないように！

第十五课

1. 冬休みに何をする予定ですか?

2. メールを下さい。（メールを送ることを忘れないように！）

3. 中国人がどういうふうに新年を迎えるのかが知りたいです。

4. 途中ご無事でありますように！ 来期またお会いしましょう！

中国の学校は一年二学期制である。毎年9月が新学期だ。9月から旧正月の前までは前期で、冬休みは大体1か月。冬休みの期間は決まっていないが、毎年の旧正月に合わせて休みをとる。冬休みあけから7月の上旬までが後期である。それから2ヶ月の夏休みに入る。学生たちには夏休みと冬休みの他に2回休みがある。つまり"五・一""十・一"。旅行シーズンも大体この期間である。旅行するならこれらの休暇を大切に!

"学一学"、"你知道吗?" 韩文翻译

第一课

1. 안녕!

2. 좋은 아침이야!

3. 잘 지내세요!

4. 나는 아주 좋아요.

데이비드와 소우는 같은반 친구라서 서로 "你好!" 라고 인사 할 수 있고, 선생님을 만날 경우에는 "您好!"라고 인사 해야 한다. 그 차이점은 바로 "你"는 자신보다 나이가 어리거나 비슷할 경우에 사용하고, "您"은 자신보다 연장자일 때 사용하는 것이다. 선생님이 데이비드와 소우를 만났을 때 "你们好!" 라고 인사하고, 데이비드와 소우가 선생님들과 같이 있을 때는 "老师好!" 라고 인사를 해야 한다. 만약에 데이비드와 소우가 "您们好!"하고 말하면 바로 틀린것이다. 중국어에는 "您们"이라는 용법은 있지 않다.

第二课

1. 당신 성은 무엇입니까? — 저의 성은 진씨입니다.

2. 당신 이름은 무엇입니까? — 저의 이름은 전중행자입니다.

3. 당신은 어디 나라 사람입니까? — 저는 일본사람입니다.

4. 당신을 알게 되어서 매우 기쁩니다.

중국인들의 이름은 성과 이름 두 부분으로 나뉘어지고, 성은 앞에, 이름은 뒤에 쓴다. 성은 대부분 한 글자로 이루어지는데, 예를 들어 "진", "정" "왕" "장" 씨 등이다. 물론 두 글자 성을 가진 사람도 있다. 예를 들어 "구양" "사도" 씨 등이다. 이름은 대부분 두 글자로 이루어지는데, 물론 한글자도 있다. 병음을 쓸 경우에는, 성과 이름을 분별해서 쓰고, 성과 이름의 첫 글자는 대문자로 쓴다. 실제 생활에서는 서로 아는 사이일 경우, 자기보다 나이가 많을 때는 일반적으로 성 앞에 "老"를 붙여서 호칭 한다. 자기보다 나이가 적을 때에는 성 앞에 "小 "를 붙인다. 하지만 선생님에게는 이렇게 부를수 없다. 중국인들의 입장에서는 선생님을 존중하지 않은 의미로 보기 때문이다.

第三课

1. 나는 음악 듣는 것을 좋아합니다.

2. 당신은 축구하는 것을 좋아합니까?

3. 당신은 음악 듣는 것을 좋아합니까? 아니면 축구 하는것을 좋아합니까?

4. 수업이 끝난 후에 당신은 뭘 하는 것을 좋아합니까?

　　(중국은 최근에 끊임없는 외국과의 교류에 따라 수많은 외래 명칭의 약자가 중국어에 들어오게 되었는데, 물론 그 본뜻에는 아무런 변화가 있지 않다. 아래에 있는 단어들은 (당신에게 있어서) 생소하지 않지만 그리고 어떤 단어들은 비록 외국어 단어를 그대로 사용하진 않고 발음만 빌려서 쓰고 있다. 바로 아래 단어들이 그런 종류의 단어들이다. 충분히 그 의미를 추측 할 수 있을 것이다.)

第四课

1. 오늘은 무슨 요일입니까? — 오늘은 토요일입니다.

2. 내일는 몇월몇일입니까? — 내일는 9 월 1 일입니다.

3. 지금은 몇시입니까? — 7 시 30 분입니다.

　　(중국인들이 시간을 말할 때는 일반적으로 아래의 순서에 따라서 말을 한다.

　　년 /월 /일 /시간 /분　　　　년 /월 /일 /요일

예를 들어: 2000 년 6 월 20 일 8 시 15 분.　　2002 년 7 월 22 일 월요일

주의할 점은 년도를 읽을 경우 한 글자 한 글자 모두 읽어준다.

예를 들면 1876 년: 이 빠 치 류 니옌 등이다.)

第五课

1. 오늘은 구름이 많고, 20~25 도입니다.

2. 내일 날씨는 어떻습니까?

3. 날씨가 너무 좋아요, 춥지도 않고 덥지도 않고, 맑은 날씨에요.

4. 날씨가 좋아질때까지 기다렸다가 다시 나가서 놀지요.

　　(중국사람들은 온도를 말할때 특별한 설명이 없으면 보통 섭씨온도를 말하는 것이지 화씨온도가 아니다. 그러므로 만약에 화씨온도에 익숙한 사람들이 중국에서 일기예보를 들을때 반드시 이것은 섭씨온도라고 기억해야 됩니다.)

第六课

1. 말씀 좀 여쭤보겠는데, 소우 있습니까?

2. 무슨 일이십니까?

3. 그녀에게 제게 전화 해달라고 좀 전해주시겠습니까?

4. 소우집의 전화번호를 알고 있습니까?

　　(전화번호와 방번호를 읽을때는 "一" 와 "七" 발음이 비슷해서 "一" 를 "yao" 라고 발음한다. 예를 들어 13957286514: 야오/산/지오우/우/치이/얼/빠/리이오　/우/야오/쓰.

　　그리고 아래 전화번호는 중국에서 생활하는 동안에 필히 알아두면 많은 도움이 될 것이다.

안내전화번호: 114.　범죄행위를 발견했거나 긴급한 도움이 필요할때: 110.

화재신고번호: 119.　긴급의료 치료가 필요할때: 120.

第七课

1. 말씀 좀 여쭤보겠는데, 우체국을 어떻게 갑니까?

2. 곧바로 가면 바로 앞에 있습니다.

3. 26 번 버스를 타고 인민로에서 내리십시요.

4. 26 번 버스정류장은 어디에 있습니까? — 바로 맞은편에 있습니다.

　　(현재 중국 도시들의 교통은 매우 발달돼 있다. 중국사람들이 일반적으로 부르는 "xiaoba"(미니버스)는 시내는 물론이고 주변 농촌지역까지 연결 되어있다. 만약에 길을 모를 경우에는 길가에서 손을 들고 택시를 잡아도 무방하다. 모든 택시에는 기본요금이 있는데, 각 도시마다 조금씩 차이가 있다. 하지만 10 원을 넘지는 않는다. 지금 중국많은 도시의 버스는 무인버스이기때문에 승차를 할때 요금후 입구에 1 원 또는 2 원을 투입 합니다 (정황에따름). 버스는 잔돈이 준비되여 있지 않기때문에 외출시 반드시 잔돈을 준비해야 된다는것을 기억하세요.)

第八课

1. 할아버지가 한턱 살께.

2. 이것은 메뉴판입니다.

3. 저는 버섯야채요리와 매운 닭요리를 먹을께요.

4. 무엇을 마시겠습니까?

5. 당신 이 곳의 음식이 어떻다고 생각합니까?

6. 어서 오십시요.

(중국의 요리는 여러갈래가 있다. 예를 들면 사천요리, 광동요리, 북방요리, 회양요리 등이 있다. 각요리마다 그 독특한 특징이 있고 매 지방마다 그 지방 특유의 먹을 거리 등이 있다. 또한 맛있고 값도 싼 먹을 거리 등은 길가에서도 맛 볼수 있다.)

第九课

1. 1 달러는 인민폐 얼마입니까?

2. 당신은 몇 달러를 바꾸려고 합니까?

3. 1 원짜리 동전 10 개로 바꿔주시겠습니까?

(인민폐의 단위는 "원/각/분이다. 1 원=10 각=100 분. 하지만 요즈 음에는 "분"은 잘 사용되지 않는다. 일반적으로 자주 쓰이는 것들에는

화폐: 100 원 50 원 20 원 10 원 5 원 2 원 1 원 5 각 2 각 1 각

동전: 1 원 5 각 1 각

하지만 생활하는데 동전이 없으면 많은 어려움이 발생하게 된다. 공중전화 사용시, 자동판매기에서 물건을 살때, 버스를 이용할때 등등…. 외출시 동전 가지고 가는걸 잊지 말아야 한다.)

4. (중국의 주요은행은 5 개의 큰 은행이 있다. 중국은행, 중국공상은행, 중국 건설은행, 중국농민은행, 중국교통은행이 있다. 예전에는 중국은행만이 외국돈을 인민폐로 바꿔주는 업무를 봤지만, 지금은 모든은행에서 바꿀수 있다. 그리고 각 은행마다 자신들의 현금카드를 발행하고 있고, 각 은행마다 서로 인터넷이 연결되어 있어 카드 하나만 가지고 있으면 어디서나 돈을 쉽게 찾을수 있어 많은 현금을 지니고 다니는 불편함을 덜수가 있다.)

第十课

1. 저는 치마 하나를 사고 싶습니다.

2. 듣기에 많은 상점들이 모두 세일을 한다던데요.

3. 저희들은 그냥 마음대로 둘러 보는거에요.

4. 이 치마는 얼마입니까?

5. 조금 싸게 해줄수 없습니까, 세일이잖아요?

6. 찾아 주셔서 감사합니다, 다음에 다시 오시는 것을 환영합니다.

(중국에서 상점에 들어가면 종업원들이 먼저 "您要买什么""您要来点儿什么"라고 물어본다. 중국어 구어중에서는, 일반적으로 "元"이라 읽지않고 "块"라고 읽는다. 또한 "角", "毛"는 거의 치환해서 쓸수있다. 예를 들어서, 1 元

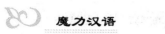

읽을때는 1 块라고 읽는다. 그리고 10.5 원을 읽을경우는 : 十块五角혹, 十块五毛라고 읽는다.)

第十一课

1. 이발사님, 저는 이발을 하려고 합니다.

2. 어떤 스타일로 머리를 자르려고 합니까?

3. 어떤 머리의 스타일을 원합니까?

4. 이 스타일은 매우 혁신적이고 독특해서, 올해 가장 유행하고 있어요.

(지금 중국의 비교적 좋은 이발소에는 이런 광고 문구들이 붙어 있다. "洗剪 吹, XX 元". "洗"는 바로 머리를 감겨주는 것이고, "剪"은 간단히 말하자면 머리만 잘라주는것이다. 물론 파마와 염색은 포함되지않는다. "吹"는 바로 머리를 말려 (드라이 해) 주는 것이다. 어떤때는 "干洗头发"할때 머리부위와 어깨부분을 안마 해주기도 하는 서비스가 있다. 이런 모든 것들은 물론 고객이 원할 경우에 해당하는 것이다.)

第十二课

1. 당신 왜 그래요?

2. 당신은 어디가 불편한가요?

3. 저는 아마도 감기에 걸렸나봐요.

4. 주사 두대를 맞고, 약을 조금 먹으면 바로 좋아질거에요.

(길을 걸어가다가 이런 표시를 본적이 있나요? 녹색의 십자가는 약방을 표시하는데 만약 작은 병이 생겼을 경우에는 병원에 갈 필요없이 약방에서 약을 사서 복용할수가 있고, 빨강색의 십자가는 병원을 표시하는데 만약 비교적 큰병에 걸렸을 때에는 할수 없이 병원을 가야겠죠!)

第十三课

1. 다음주는 바로 "5 월 1 일 (노동절)"의 휴가기간이야.

2. 당신들은 비행기를 타고 가려고 합니까? 아니면 기차를 타고 가려고 합니까?

3. 오늘 오후에 기차역에 가서 표를 사려고 합니다.

4. 저는 상해가는 기차표 두장을 사려고 합니다.

5. 4 월 30 일 저녁 T21 열차 18：00 출발.

(기차의 열차번호 앞면에 어떤경우에는 그 나름대로의 의미를 지닌 글자를 볼수 있는데, 그 중 우리가 가장 자주보는 것들에는, 예를 들어

T 특쾌열차: 속도가 가장 빠르고 가격도 물론 가장 비싸다.

K 쾌속열차: 속도가 비교적 빠르고 가격도 조금은 비싼편이다.

L 임시운용열차: 중요한 휴가기간에 운용하는 열차 (바로 노동절, 국경일, 설날 기간)

만약에 아무 글자도 없을 경우에는 바로 일반보통여객열차이다. 속도, 가격 모두 중등 혹은 비교적 낮은 편에 속한다.)

第十四课

1. 저희들은 방 두개가 필요합니다.
2. 죄송합니다만, 방이 이미 모두 찼습니다.
3. 하룻밤 자는데 얼마 입니까?
4. 당신들은 표준방을 원하십니까? 아니면 보통방을 원하십니까?

　　(중국 몇개의 휴가기간은 중국사람들에게 있어서 여행의 성수기를 이룬다. 예를 들어 "노동절" "국경일" "설날" 등이다. 이럴때에 만약 여행을 할 계획이라면 반드시 여행 출발 몇 일전에 차표, 여관등을 먼저 예약하고 나서 떠나야 한다.

　　그리고 중국의 여관, 호텔등에 투숙할 때는 반드시 여권을 지니고 다녀야 하며, 또한 방을 빼줄때에는 (체크 아웃할때에) 반드시 다음날 오전 12 까지 나가줘야만 한다. 만약에 오전 12 시를 넘겨서 체크 아웃을 할 경우에는 하루 방값의 50%를 다시 지불해야 한다. 꼭 이것을 명심하세요~)

第十五课

1. 당신은 겨울 방학때에 무슨 일을 할 계획입니까?
2. 저에게 전자우편 (E-메일) 보내는거 잊지 말아요.
3. 저는 중국사람들이 어떻게 새해를 보내는지 알고 싶어요.
4. 가는길이 평안하길! 다음 학기에 만나요!

　　(중국의 학교는 1 년에 2 학기로 나뉘어진다. 매년 9 월에 신학기가 시작되는데 9 월부터 설날 (음력설) 전까지가 제 1 학기이고, 겨울 방학을 하고 나서 설날을 보낸다. 일반적으로 겨울방학은 1 개월이지만 특별히 고정된 날짜는 없다. 완전히 그해의 설날이 언제인가에 따라 변화가 있기 때문이다. 겨울 방학후부터 7 월초순까지가 제 2 학기이다. 2 학기가 끝나고 나면 바로 이어서 기나긴 여름 방학에 들어간다. 학생들은 겨울, 여름 방학을 제외하고 두개의 비교적 긴 휴가기간이 있는데 바로 "5 월 1 일 (노동절)" "10 월 1 일 (국경일)" 등이다. 기본적으로 여행성수기가 바로 이 휴가철기간이다. 여행을 좋아하는 당신이라면 이 휴가기간을 놓치지 말아야 할 것이다.)

词汇总表
（配日韩文翻译）

A

| 啊 | （助） | a | 4 | あら
아. (감탄사) |
| 爱好 | （名） | àihào | 3 | 趣味
취미, 기호 |

B

八	（数）	bā	4	八 여덟, 팔
吧	（名）	bā	5	バー 바（bar）
吧	（助）	ba	2	疑問や推量の意を表す助詞 청구, 명령,독촉의 어기를 표시함 (~합시다.)
爸爸	（名）	bàba	1	お父さん、父 아빠
百	（数）	bǎi	4	百 백,100
板寸	（名）	bǎncùn	11	髪型の一種、角刈り 상고머리 (머리스타일)
办公室	（名）	bàngōngshì	6	事務室 사무실
半	（数）	bàn	4	半 반절
保存	（动）	bǎocún	9	保存する 보존하다.

本	（量）	běn	10	冊 권 (책을 세는 단위)
标准间	（名）	biāozhǔnjiān	14	標準ルーム 기본시설을 갖춘 방 (텔레비 전, 에어콘, 전화기) 등이 있 는방
比如	（动）	bǐrú	3	例えば 비유하다. 예를 들다.
笔记本电脑		bǐjìběn diànnǎo	9	ノートパソコン 노트북 컴퓨터
别	（副）	bié	15	禁止を表す（…するな） ~하지 말아라.
病毒	（名）	bìngdú	12	バイラス（ウイルス） 바이러스
拨	（动）	bō	6	(指で) まわす (다이얼을) 돌리다. 누르다.
不	（副）	bù	2	いいえ ~이 아니다. (부정을 나타냄)
不(用)谢		bú (yòng) xiè	6	どういたしまして 감사할 필요 없습니다. 괜찮습 니다.
不见不散		bújiàn búsàn	6	顔をみないと離れない 만날때까지 기다리다. 꼭 만나 자.

C

菜	（名）	cài	3	料理 채소, 반찬, 요리.
菜单	（名）	càidān	8	料理のメニュー 식단, 메뉴
茶	（名）	chá	8	お茶 차
长	（形）	cháng	4	長い 길다.
常常	（副）	chángcháng	7	いつも、常に 항상, 자주, 종종

超市	（名）	chāoshì	10	スーパーマーケット
				슈퍼마켓
车	（名）	chē	7	バス、車
				차, 자동차.
车厢	（名）	chēxiāng	13	車両
				찻간 (열차의객실이나 수화물칸)
车站	（名）	chēzhàn	7	駅
				정거장, 정류소, 역
吃	（动）	chī	8	食べる
				먹다.
迟到	（动）	chídào	4	遅れる
				지각하다. 늦다.
出去	（动）	chūqu	3	出掛ける
				나가다. 외출하다.
船	（名）	chuán	13	船
				(증) 기선 배
词典	（名）	cídiǎn	10	辞書
				사전
次	（量）	cì	12	回（助数詞）
				(양사) 번, 횟수
次	（量）	cì	13	便（電車など）
				(차량의) 순서, 번호

D

打（电话）	（动）	dǎ	6	（電話を）掛ける
				(전화를) 걸다 하다.
打的		dǎdī	7	タクシーを拾う
				택시를 잡다 (타다).
打工	（动）	dǎgōng	15	アルバイトをする
				아르바이트를 하다.
打算	（动）	dǎsuan	4	…するつもりだ、…する予定である
				~할 계획이다.

打折	（动）	dǎzhé	10	割引をする
				할인하다.
打针		dǎzhēn	12	注射する
				주사를 놓다.
大	（形）	dà	5	大きい、強い（力などが）
				(체적, 면적이) 크다. (힘, 강도가) 세다.
大概	（副）	dàgài	12	大概、だいたい
				대략, 대충의, 대개는
大使馆	（名）	dàshǐguǎn	7	大使館
				대사관
带	（动）	dài	6	（带信）伝言する、言付ける
				(몸에)지니다. 휴대하다.
单	（形）	dān	14	シングル
				혼자의, 단독의, 간단하다.
单子	（名）	dānzi	9	レシート
				명세서, 메모
但是	（连）	dànshì	12	しかし
				단지, 다만, 하지만.
当心		dāngxīn	9	気をつける
				조심하다. 주의하다.
到	（动）	dào	4	着く、到着する
				도착하다. ~에 이르다. 도달하다.
的	（助）	de	2	の
				~의 (것)
登记	（动）	dēngjì	14	登録する
				등기하다. 등록하다.
等	（动）	děng	4	待つ
				기다리다.
第		dì	13	第
				제
地铁	（名）	dìtiě	7	地下鉄
				지하철
地址	（名）	dìzhǐ	6	住所
				주소, 소재지

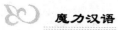

点	（名）	diǎn	4	時
				시간, 시
店	（名）	diàn	10	店
				상점, 여관, 가게
电话	（名）	diànhuà	6	電話
				전화
电脑	（名）	diànnǎo	3	パソコン
				컴퓨터
电视	（名）	diànshì	3	テレビ
				텔레비젼
电影	（名）	diànyǐng	3	映画
				영화
电影院	（名）	diànyǐngyuàn	6	映画館
				영화관, 극장
冬天	（名）	dōngtiān	5	冬
				겨울
都	（副）	dōu	1	みんな、全部
				모두, 전부
豆腐	（名）	dòufu	8	豆腐
				두부
度	（名）	dù	5	度（温度）
				도(온도)
短	（形）	duǎn	11	短い
				짧다.
短信	（名）	duǎnxìn	15	（短い）メール
				메시지（message）
对不起		duìbuqǐ	6	すみません
				미안합니다. 죄송합니다.
对面	（名）	duìmiàn	7	向かい、正面
				맞은편, 반대편, 정면
对折		duìzhé	10	半額
				50%할인하다.
多	（形）	duō	3	多い
				많다.
多	（副）	duō	4	どれぐらい（時間など）
				얼마나

多少	（代）	duōshao	9	どれほど、いくら 얼마
多云	（形）	duōyún	5	曇りがち 구름이 많다.

E

| 二 | （数） | èr | 4 | 二
둘, 이 |

F

发	（动）	fā	15	発送する、発信する 보내다. 부치다.
发烧		fāshāo	12	熱が出る 열이 나다.
发型	（名）	fàxíng	11	髪型 머리스타일
饭	（名）	fàn	8	御飯 밥
饭店	（名）	fàndiàn	6	レストラン ①여관,호텔、②레스토랑. 식당
方便	（形）	fāngbiàn	7	便利 편리하다.
房间	（名）	fángjiān	6	部屋、ルーム 방
放(假)	（动）	fàngjià	4	休む 방학하다, 휴가하다
非常	（副）	fēicháng	7	とても、非常に 대단히, 아주, 심히
飞机	（名）	fēijī	13	飛行機 비행기
分	（名）	fēn	4	分 분 (시간을 나타냄)
风	（名）	fēng	5	風 바람
服务台		fúwùtái	14	フロント (호텔등의) 프런트, 안내소

服务员	（名）	fúwùyuán	8	店員 종업원

G

感冒	（动）	gǎnmào	12	風邪をひく 감기에 걸리다.
干	（动）	gàn	3	やる、する (무엇을) 하다
高兴	（形）	gāoxìng	2	嬉しい 기쁘다. 즐겁다. 유쾌하다.
告诉	（动）	gàosu	6	伝える 알려주다. 말하다.
哥哥	（名）	gēge	1	兄さん、兄 형/오빠
歌	（名）	gē	3	歌 노래, 가곡
个	（量）	gè	4	(助数詞) 週、人、個、等 (양사) 개, 명, 사람 (수를 세는단위)
给	（介）	gěi	6	…してあげる、…してくれる ~을 향하여, ~에게
给	（动）	gěi	9	あげる、くれる ~을 주다.
公共汽车	（名）	gōnggòngqìchē	13	公衆バス 버스
贵	（形）	guì	2	高い 비싸다. 귀하다.
光临	（动）	guānglín	8	〈敬〉ご光臨 왕림하다. 찾아주다. 어서오십시오
光头	（名）	guāngtóu	11	はげ頭 대머리, 빡빡 깎은머리
逛	（动）	guàng	10	ぶらぶら歩く、散歩する (거리를 돌아다니며) 구경하다.
国	（名）	guó	2	国 국가
果汁	（名）	guǒzhī	8	果物ジュース 과일쥬스

过	（副）	guò	13	
过	（动）	guò	15	過ごす 지나다. 경과하다. 건너다.
过年	（动）	guònián	15	新年を祝う、年を越す 새해를 맞다. 설을 쇠다.

H

嗨	（叹）	hāi	2	おい！ (아는체를 할때) 하이!
还	（副）	hái	12	それに、その上、まだ 아직, 여전히, 또, 더
还是	（连词）	háishi	3	それとも 또는, 아니면
寒假	（名）	hánjià	15	冬休み 겨울방학
好	（形）	hǎo	1	よろしい 좋다. 훌륭하다. 능숙하다.
好吃	（形）	hǎochī	8	おいしい 맛있다.
好极了。		Hǎo jí le。	5	極めていい、とてもいい 매우 좋다. 정말 끝내준다.
好运		hǎoyùn	15	幸運、ラッキー 행운
号	（名）	hào	4	日 일
号	（量）	hào	6	番号 번호
号码	（名）	hàomǎ	6	番号 번호
喝	（动）	hē	8	飲む 마시다.
和	（连）	hé	1	…と ~와, ~과
很	（副）	hěn	1	とても 매우, 아주
护照	（名）	hùzhào	9	パスポート 여권
话	（名）	huà	12	話 말

坏	（形）	huài	12	悪い 나쁘다
欢迎	（动）	huānyíng	8	歓迎する 환영하다.
换	（动）	huàn	9	取り替える、交換する 바꾸다. 교환하다.
黄金周		huángjīn zhōu	13	ゴールデンウィーク 황금 주
回	（动）	huí	4	帰る 돌아오다.
回头见。		Huítóu jiàn。	15	また後で、ではまた 다시 만나다
会	（助动）	huì	12	…する可能性がある …을 할수 있다
火车	（名）	huǒché	13	電車 汽車 기차
或者	（连）	huòzhě	7	あるいは 혹은

J

几	（代）	jǐ	4	いくつ 얼마, 몇
家	（名）	jiā	3	家 집
家庭	（名）	jiātíng	14	家庭、家族 가정, 가족
假	（名）	jià	4	休み 휴가, 방학
剪	（动）	jiǎn	11	切る 자르다. 오리다.
件	（量）	jiàn	8	（量詞）個体の事物を数える. 건[일·사건·개체의 사물을 세는데 사용되는 양사]
脚	（名）	jiǎo	12	脚 발
饺子	（名）	jiǎozi	8	餃子 교자, 만두

叫	（动）	jiào	2	呼ぶ 부르다. 외치다.
教室	（名）	jiàoshì	7	教室 교실
街	（名）	jiē	10	町 거리, 길
斤	（量）	jīn	10	重さの助数詞（一斤=0.5 きろ） (양사) 근 (무게를 나타냄)
今年	（名）	jīnnián	4	今年 금년, 올해
今天	（名）	jīntiān	4	今日、本日 오늘
紧张	（形）	jǐnzhāng	13	緊張する 긴장하다. 불안해하다.
九	（数）	jiǔ	4	九、9 구
就	（副）	jiù	7	…すぐ 바로, 곧, 즉시, 당장
觉得	（动）	juéde	8	感じる、…と思う 느끼다

K

咖啡馆	（名）	kāfēiguǎn	6	喫さ店、カフェ 커피숍
开	（动）	kāi	13	発車する 운전하다. 출발하다
开始	（动）	kāishǐ	15	始まる、発足する 시작히다
开心	（形）	kāixīn	15	愉快である 기분이 상쾌하다. 유쾌하다.
咳嗽	（动）	késou	12	咳をする 기침을 하다.
可乐	（名）	kělè	8	コカコーラー 콜라
可以	（助动）	kěyǐ	7	…できる ~할수 있다. ~해도 좋다.
课	（名）	kè	3	授業 강의, 수업

酷	（形）	kù	11	格好いい 근사하다. 멋있다. (영어 cool 의 번역음)
裤子	（名）	kùzi	10	ズボン 바지
块	（量）	kuài	8	元（人民元の助数詞） 원 (인민폐)
矿泉水	（名）	kuàngquán shuǐ	8	ミネラルウオーター 광천수

L

拉肚子		lādùzi	12	下痢 설사하다.
辣	（形）	là	8	辛い 맵다. 얼얼하다.
来	（动）	lái	4	来る 오다.
懒虫	（名）	lǎnchóng	15	怠け者 게으름뱅이.
老	（形）	lǎo	2	老ける、老い 늙다. 나이먹다.
老师	（名）	lǎoshī	1	先生 선생님
了	（助）	le	4	助詞 (동작의 완료를 나타냄) ~끝났다.
冷	（形）	lěng	5	寒い、冷たい 춥다. 차다.
理发		lǐfà	11	散髪する 이발하다. 머리를 자르다.
脸色	（名）	liǎnsè	12	顔色 얼굴색
量	（动）	liáng	12	計る (온도, 체온 등 을) 재다. 측정하다.
两	（数）	liǎng	8	こつ 둘
两	（量）	liǎng	8	二 둘, 이

聊天	（动）	liáotiān	3	おしゃべりする 잡담하다. 한담하다.
零	（数）	líng	4	零 영
零钱	（名）	língqián	9	ばら銭、小銭 잔돈
流行	（形）	liúxíng	11	流行る、流行する 유행하다. 성행하다.
留学生	（名）	liú xuéshēng	2	留学生 유학생
六	（数）	liù	4	六 육, 여섯
楼	（名）	lóu	14	楼 館 층
路	（名）	lù	7	番 번 (차량노선을 나타냄)
路人	（名）	lùrén	7	通行人 행인
旅游	（动）	lǚyóu	3	旅行する 여행하다. 관광하다.

M

妈妈	（名）	māma	1	お母さん、母 엄마
吗	（助）	ma	1	「助詞」質問、疑問を表す (의문을 표시함) ~입니까?
买	（动）	mǎi	10	買う 사다. 구입하다.
买单		mǎidān	8	勘定する、支払う 계산하다. 지불하다.
满	（形）	mǎn	14	満る、満たす 가득차다. 그득하다.
忙	（形）	máng	6	忙しい 바쁘다.
毛	（量）	máo	9	（お金）角 전(인민폐 1 원의 10 분의 1)
没（有）	（副）	méi(yǒu)	5	ない（ある） ~없다. 가지고 있지 않다.

没问题		méi wèntí	11	大丈夫、問題ない 문제없다.
美丽	（形）	měilì	15	きれい、美しい 아름답다.
门口	（名）	ménkǒu	6	ゲート、入り口 입구, 현관
迷	（名）	mí	3	ファン 애호가, 팬, 광
明年	（名）	míngnián	4	来年 내년
明天	（名）	míngtiān	4	明日 내일
名字	（名）	míngzi	2	名前 이름, 성함

N

哪	（代）	nǎ	2	どこ 어느,어떤, 어디
哪儿	（代）	nǎr	7	どこ 어디
那	（代）	nà	8	それ、あれ 그것, 저것
那么	（连）	nàme	6	それでは、そうしたら 그렇게, 저렇게, 그런, 저런.
男	（名）	nán	6	おとこ 남
呢	（助）	ne	1	疑問文の文末に用い、答えを催促する気 分を表す (의문문끝에 써서 의문의 어기를 나냄)
能	（助动）	néng	9	できる ~할수 있다.
你	（代）	nǐ	1	貴方 너, 당신
你们	（代）	nǐmen	1	あなたがた 너희들
年	（名）	nián	4	年 년, 해

您	（代）	nín	1	貴方（敬語） 당신
牛奶	（名）	niúnǎi	8	牛乳 우유
扭	（动）	niǔ	12	挫く (발목, 손목등을) 접질리다. 삐다.
女	（名）	nǚ	6	女 여자

P

爬山	（动）	páshān	5	山のびりする、登山する 등산을 하다.
怕	（动）	pà	9	恐い、恐れる 무서워 하다. 두려워 하다.
拍	（动）	pāi	15	（写真を）撮る (사진을) 찍다. 촬영하다.
旁边	（名）	pángbiān	7	となり 옆쪽
陪	（动）	péi	12	伴う 모시다. 동반하다.
朋友	（名）	péngyou	2	友達 친구
啤酒	（名）	píjiǔ	8	ビール 맥주
便宜	（形）	piányi	10	安い (값이) 싸다.
片	（量）	piàn	12	薬を表す量詞 편. 알
票	（名）	piào	13	チケット 표
漂亮	（形）	piàoliang	10	きれい、美しい 아름답다. 예쁘다.
平头	（名）	píngtóu	11	髪型の一種、角刈り 상고머리
瓶	（量）	píng	8	ボトル (양사) 병

苹果	（名）	píngguǒ	10	りんご 사과
破	（动）	pò	12	破れる、つぶす 다치다. 상처를 입다.
普通间	（名）	pǔtōngjiān	14	普通の標準ルーム 보통수준의 방(방안에 에어콘, 화장실이 없는 방)

Q

七	（数）	qī	4	七 일곱, 칠
奇怪	（形）	qíguài	11	おかしい、怪しい 괴상하다. 이상하다.
起床	（动）	qǐchuáng	4	起床する、起きる 일어나다. 기상하다.
起飞	（动）	qǐfēi	15	離陸する 이륙하다. 날아오르다.
汽车	（名）	qìchē	13	バス、車 자동차
千	（数）	qiān	4	千 천
前（面）	（名）	qián(mian)	7	前、前方 앞
前卫	（形）	qiánwèi	11	トップ、前衛 혁신적이다.
钱	（名）	qián	9	お金 돈, 값, 금전
清爽	（形）	qīngshuǎng	11	さっぱりする 맑고 상쾌하다.
晴	（形）	qíng	5	晴れる 맑다. 개어있다.
请	（动）	qǐng	6	どうぞ 요청하다. 부탁하다.
球	（名）	qiú	3	ボール 공, 뽈
去	（动）	qù	4	行く 가다.

去年	（名）	qùnián	4	去年 작년
裙子	（名）	qúnzi	10	スカート 치마, 스커트

R

染发	（动）	rǎnfà	11	髪の毛を染める 염색하다.
热	（形）	rè	5	暑い 덥다. 뜨겁다.
人	（名）	rén	2	人 사람, 인간
认识	（动）	rènshi	2	見知る 知っている 알다. 인식하다.
日	（名）	rì	4	日 날, 일
日记	（名）	rìjì	2	日記 일기

S

三	（数）	sān	4	三 셋, 삼
三人间		sānrénjiān	14	三人部屋 3인방
商店	（名）	shāngdiàn	9	商店、店 상점
上	（动）	shàng	3	(インターネットを) やる (수업을) 하다.
上课	（动）	shàngkè	4	授業を受ける 수업을 하다.
上午	（名）	shàngwǔ	4	午前 오전
稍等	（副）	shāoděng	5	ちょっとお待ちください。 잠깐 기다리다

稍后		shāohòu	6	しばらく 잠시후
身体	（名）	shēntǐ	12	体 신체, 몸
什么	（代）	shénme	2	何 무엇, 어떤, 무슨
生日	（名）	shēngrì	15	誕生日 생일
师傅	（名）	shīfu	11	師匠. 그일에 숙달한 사람에 대한 존칭어
十	（数）	shí	4	十 열, 십
十字路口		shízìlùkǒu	7	十字路 십자로
时候	（名）	shíhou	4	時, 때, 시각
时间	（名）	shíjiān	4	時間 시간, 동안
事儿	（名）	shìr	6	事 일
是	（动）	shì	2	…は…です ~이다.
室	（名）	shì	7	室 방
试	（动）	shì	10	試す ~해보다. 시도하다.
适合	（动）	shìhé	11	適合する. 似合う 알맞다. 적합하다.
手	（名）	shǒu	12	手 손
手机	（名）	shǒujī	6	携帯 핸드폰
售货员	（名）	shòuhuòyuán	10	店員 판매원
售票员	（名）	shòupiàoyuán	13	切符を売る人 매표원
书	（名）	shū	3	本 책

舒服	（形）	shūfu	4	気分がよい、体調がよい、気持ちがいい 편안하다. 안락하다.
暑假	（名）	shǔjià	3	夏休み 여름방학
双	（量）	shuāng	10	足 (양사) 쌍, 매, 켤레
双人间		shuāngrénjiān	14	二人部屋 2인방
睡觉	（动）	shuìjiào	3	寝る 잠자다.
四	（数）	sì	4	四 넷, 사
随便	（形）	suíbiàn	10	気楽に 마음대로, 좋을대로
所以	（连）	suǒyǐ	11	だから 그래서

T

他	（代）	tā	1	彼 그, 그사람
他们	（代）	tāmen	1	彼ら 그들, 그사람들
她	（代）	tā	1	彼女 그녀, 그여자
台	（量）	tái	9	台、回 대. 편 (기계. 자량. 연극등 의수를세 는 양사)
太	（副）	tài	8	すぎる 매우, 너무
烫	（动）	tàng	11	（パーマー）をかける (머리를) 파마하다.
套房	（名）	tàofáng	14	スイート．ルーム 스위트룸
踢	（动）	tī	3	蹴る 차다. 발길질을 하다.
提前	（动）	tíqián	13	繰り上げる 앞당기다.

体温	（名）	tǐwēn	12	体温 체온
天	（名）	tiān	4	日 날, 일
天气	（名）	tiānqì	5	天気 날씨, 일기
天天		tiāntiān	7	毎日 매일, 날마다
条	（量）	tiáo	10	（細長いものの）助数詞 （양사）가늘고 기다란것을 셀 때 쓰임
听	（动）	tīng	3	聞く 듣다.
听说	（动）	tīngshuō	9	話によると 듣는 바로는 (듣자니,듣건대)
同学	（名）	tóngxué	2	同級生 반친구
痛	（动）	tòng	12	痛い 痛む 아프다.
投币电话		tóubì diànhuà	9	コイン電話 동전전화
头	（名）	tóu	12	頭 머리
头发	（名）	tóufa	11	髪の毛 머리카락, 두발
团体	（名）	tuántǐ	3	団体 단체

W

外国	（名）	wàiguó	15	外国 외국
完	（动）	wán	5	終わる 다하다. 끝나다.
玩（儿）	（动）	wán(r)	5	遊ぶ 놀다. 여가를 즐기다.
晚饭	（名）	wǎnfàn	5	夕食 저녁밥

晚上	（名）	wǎnshang	4	夜 저녁, 밤
万	（数）	wàn	4	万 만
往	（介）	wǎng	7	…へ ~쪽으로, ~（을）향하여
网	（名）	wǎng	3	ネット 인터넷
网吧	（名）	wǎngbā	5	インターネット・オフェ 인터넷실
网虫	（名）	wǎngchóng	3	インターネットおたく 인터넷광, 인터넷중독자
网友	（名）	wǎngyǒu	15	メール友達 인테넷친구
忘	（动）	wàng	4	忘れる 잊다. 망각하다.
喂	（叹）	wèi	6	もしもし （전화할때）여보세요
胃	（名）	wèi	12	胃 위, 밥통
位	（量）	wèi	8	敬意をもった人を表す 분
为什么	（代）	wèishénme	5	なぜ、どうして 왜, 어째서
问	（动）	wèn	6	聞く、たずねる 묻다. 질문하다.
问题	（名）	wèntí	6	問題 문제
我	（代）	wǒ	1	私 나, 저
我们	（代）	wǒmen	15	私たち 우리（들）
无人售票车		wúrén shòu piào chē	9	ワンマンバス 표를 받는 승무원이 없는 버스
五	（数）	wǔ	4	五 다섯, 오

X

希望	（动）	xīwàng	12	希望 희망하다.
喜欢	（动）	xǐhuan	3	好き 좋아하다. 마음에 들다.
洗手间	（名）	xǐshǒujiān	7	お手洗い、トイレ 화장실
戏	（名）	xì	3	劇 연극광
下	（名）	xià	4	下 아래
下	（动）	xià	7	降りる、下る (수업 등이) 끝나다. 마치다. (차에서) 내리다
下次	（名）	xiàcì	8	今度、次回 다음 번, 이 다음.
下课	（动）	xiàkè	3	授業が終わる、放課する 수업을 마치다. 수업을 끝내다.
下午	（名）	xiàwǔ	4	午後 오후, 하오
下				下 아래
夏天	（名）	xiàtiān	5	夏 여름
现在	（名）	xiànzài	4	現在、今 현재, 지금
相同	（形）	xiāngtóng	3	同じ 서로 같다, 똑같다.
想	（动）	xiǎng	9	思う 생각하다. 추측하다.
想念	（动）	xiǎngniàn	15	懐かしむ 그리워하다. 보고싶어하다.
小	（形）	xiǎo	2	小さい 작다. (수량이) 적다. (나이가) 어리다.
小姐	（名）	xiǎojiě	8	おじょうさん 아가씨

小时	（名）	xiǎoshí	4	時間 시간
鞋	（名）	xié	10	靴 신발
谢谢	（动）	xièxie	1	ありがとう、 고맙습니다. 감사합니다.
新	（形）	xīn	2	新しい 새로운, 새롭다.
信儿	（名）	xìnr	6	伝言、 메시지.
星期	（名）	xīngqī	4	曜日 주일, 요일
星期六	（名）	xīngqīliù	4	土曜日 토요일
星期天	（名）	xīngqītiān	4	日曜日 일요일
行	（动）	xíng	6	行う、いい 되다
姓	（动）	xìng	2	名字 성이 ~이다. ~을 성으로 한다.
修	（动）	xiū	11	(髮を) 整える (머리를) 다듬어 주다. 정 리해 주다.
休息	（动）	xiūxi	12	休む、休暇する 휴식하다.
学费	（名）	xuéfèi	15	学費 학비, 학자금
学期	（名）	xuéqī	15	学期 학기.
学习	（动）	xuéxí	4	学習する、勉強する 공부하다. 학습하다.
雪	（名）	xuě	5	雪 눈

Y

| 牙 | （名） | yá | 12 | 歯
이, 이빨 |

要	（助动）	yào	4	…したい
				~할 것이다. ~하려고 한다.
要	（动）	yào	8	要る、ほしい
				필요하다. 요구하다.
药	（名）	yào	12	薬
				약
钥匙	（名）	yàoshi	14	鍵
				열쇠
样儿	（名）	yàngr	11	格好
				형상, 모양, 꼴
爷爷	（名）	yéye	1	お爺、御爺さん
				할아버지, 조부님
也	（副）	yě	1	も
				~도 또한, 게다가
也许	（副）	yěxǔ	9	もしかしたら…かも知れない
				아마도, 어쩌면, 혹시
一	（数）	yī	4	一
				하나, 일
一点儿		yìdiǎnr	10	すこし、ちょっと
				조금, 약간
一定	（副）	yídìng	12	必ず、是非
				반드시, 필히, 꼭
一共	（副）	yígòng	8	全部で、合わせて
				전부, 모두, 다 합쳐서
一会儿		yíhuìr	6	しばらく
				나중에, 잠깐 후에
一路平安		yílùpíng'ān	15	一路平安、道中無事
				가시는 길에 평안하시길 바랍니다.
				즐거운 여행이 되시길 바랍니다.
一起	（副）	yìqǐ	5	一緒に、共に
				같이, 함께
一下		yíxià	14	[動詞のあとに用いて]ちょっとして見る。
				한번 …하다
一些		yìxiē	9	わずか
				몇
一直	（副）	yìzhí	5	ずっと
				계속해서, 줄곧, 내내

衣服	（名）	yīfu	8	洋服 의복, 옷
医生	（名）	yīshēng	12	医者 의사
已经	（副）	yǐjīng	15	すでに、もう 이미
以后	（名）	yǐhòu	3	以降、それから 이후
以前	（名）	yǐqián	4	以前、この前 이전
音乐	（名）	yīnyuè	3	音楽 음악
阴	（形）	yīn	5	曇り 흐리다.
银行	（名）	yínháng	9	銀行 은행
影迷	（名）	yǐngmí	3	ムービー・ファン 영화펜
硬币	（名）	yìngbì	9	コイン 동전
邮件	（名）	yóujiàn	15	郵便 우편물
邮局	（名）	yóujú	7	郵便局 우체국
游戏	（名）	yóuxì	3	ゲーム 유희, 레이크레이션
有	（动）	yǒu	5	ある 가지고 있다. 소유하다.
有趣	（形）	yǒuqù	10	面白い 재미있다. 흥미있다.
有用		yǒuyòng	9	役にたつ、有用である 유용하다. 쓸모가 있다.
雨	（名）	yǔ	5	雨 비
预报	（名）	yùbào	5	予報 예보
月	（名）	yuè	4	月 월, 달

Z

在	（介）	zài	3	…で、…に ~에(서), ~에 있어서
在	（动）	zài	6	いる、ある、存在する ~에 있다. ~에 위치하고있다.
再	（副）	zài	5	また、再び、き続き 다시, 또한
再见		zàijiàn	6	さようなら、ではまた 안녕! 다시 만나요.
再说		zàishuō	15	その上、それに、もう一つは 게다가, 다시 말해서, 덧붙여말하자면
遭透了		zāo tòu le	5	徹底的に失敗した 무지 좋지 않다. 엉망진창이다.
早	（形）	zǎo	12	早い 이르다. 빠르다.
早上	（名）	zǎoshang	1	朝 아침
走	（动）	zǒu	5	歩く 걷다. 걸어가다.
怎么	（代）	zěnme	7	どう、どのように 어떻게, 어째서, 왜
怎么样	（代）	zěnmeyàng	5	どうですか。いかがですか。 어떻습니까?
站	（名）	zhàn	13	駅 정류장, 역
张	（量）	zhāng	9	(薄平らのものの助数詞) 枚 (양사) 종이,책상, 의자 등을 세는 단위
着凉	（动）	zháoliáng	12	風邪を引く 감기에 걸리다.
照片	（名）	zhàopiàn	15	写真 사진
这	（代）	zhè	4	これ 이, 이것
这么	（代）	zhème	15	このように 이렇게

这儿	（代）	zhèr	4	ここ 여기, 이곳
真	（副）	zhēn	13	本当に、真実に 정말로, 진실로
真的		zhēnde	10	ほんとうに 정말
挣	（动）	zhèng	15	稼ぐ (돈을) 벌다. 일하여 벌다.
知道	（动）	zhīdào	6	分かる 知っている 알다. 이해하다.
只	（副）	zhǐ	11	ただ 단지, 다만, 오직.
纸币	（名）	zhǐbì	9	紙幣 지폐, 종이돈
钟点房		zhōngdiǎnfáng	14	個室 (정해진 시간에 따라서) 돈을 지불하는 방
中午	（名）	zhōngwǔ	4	昼 점심, 낮 12시 오후
周末	（名）	zhōumò	15	週末 주말
住	（动）	zhù	7	住む 주거하다. ~에 살다.
祝	（动）	zhù	15	祝う、祈る 축하하다. 빌다.
转	（动）	zhuǎn	6	回る、まわす (전화를) 돌려주다,
自助	（形）	zìzhù	3	セルフサービス 자기 스스로 (self 의 의미)
总统	（名）	zǒngtǒng	14	大統領、首相 대통령
走	（动）	zǒu	5	歩く 걸어가다
足球	（名）	zúqiú	3	サッカー 축구
最	（副）	zuì	3	もっとも、一番 가장, 제일, 아주
最近	（名）	zuìjìn	1	最近 최근, 요즈음

昨天	（名）	zuótiān	4	昨日 어제
坐	（动）	zuò	7	乗る (차를) 타다.
座	（名）	zuò	13	座席 좌석
座位	（名）	zuòwèi	13	座席 좌석, 자리

专有名词

北京		Běijīng	4	北京 북경
北京大学		Běijīng Dàxué	7	北京大学 북경대학
陈		Chén	1	チェソ 진
陈平		Chén Píng	2	陳平（人名） 진평 (사람 이름)
春节		Chūnjié	13	旧正月 설날 (음력설)
大阪		Dàbǎn	13	大阪 오사카
大卫		Dàwèi	1	大衛（人名） David (데이빗) 사람 이름
蛋炒饭		Dànchǎofàn	8	チャーハン 계란 볶음밥
丁凡		Dīng Fán	2	丁凡（人名） 정범 (사람 이름)
兑换水单		Duìhuàn shuǐdān	9	(換金するときの) 兑换レシート 환전계산서 (돈 바꿀때 쓰는) 명세서
多多		Duōduō	1	よろしく 많이
法语		Fǎyǔ	2	フランス語 프랑스어
番茄蛋汤		Fānqiédàntāng	8	トマトスープ 토마토 계란탕

复兴门	Fùxīng Mén	7	復興門（地名） 부흥문（북경）
广东菜	guǎngdōngcài	3	広東料理 광동 요리
韩国	Hánguó	2	韓国 한국
韩语	Hányǔ	2	韓国語 한국어
韩元	Hányuán	9	韓国元 한국돈（원화）
汉语	Hànyǔ	2	中国語 중국어
可乐	kělè	8	コカ・コーラー 콜라
辣子鸡	Làzǐjī	8	鶏肉と唐辛子の炒め 매운튀김닭요리
美国	Měiguó		アメリカ 미국
美元	Měiyuán	9	アメリカドル 미국돈（달러）
纽约	Niǔyuē	13	ニューヨークデー 뉴욕（NewYork）
情人节	Qíngrénjié	13	バレンタイン・デー 발렌타인 데이
人民币	Rénmínbì	9	人民元 인민폐
人民路	Rénmínlù	7	人民路 인민로
日本	Rìběn	2	日本 일본
日语	Rìyǔ	2	日本語 일본어
日元	Rìyuán	9	日本円 일본돈（엔화）
上海	Shànghǎi	4	上海 상해
四川菜	Sìchuāncài	3	四川料理 사천 요리

天津	Tiānjīn	13	天津 천진
田中幸子	Tiánzhōng Xìngzǐ	2	田中幸子 전중행자 (일본인 이름)
香菇青菜	Xiānggū qīngcài	8	椎茸と青菜の炒め 표고버섯과 야채를 볶은 요리
小雨	Xiǎoyǔ	1	小雨 (人名) 소우 (사람이름)
王府井	Wángfǔjǐn	7	王府井 왕푸진
英镑	Yīngbàn	9	イギリスポンド 영국돈 (파운드)
英国	Yīnggóu	2	イギリス 영국
英语	Yīngyǔ	2	英語 영어
元旦	Yuándàn	13	元日 원단 (새해 첫날)
云南	Yúnnán	15	雲南 (地名) 운남
中国	Zhōngguó	2	中国 중국
中国银行	Zhōngguó Yínháng	9	中国銀行 중국은행